"

항상 하고 싶은 일만 하며 살고 싶어하는 철없는 딸이지만
늘 해보라고 용기를 주시는 부모님과 사랑하는 가족에게
이 책을 바칩니다.

"

왜 직원이 3개월 만에 그만둘까?

초판 1쇄 인쇄 2011년 09월 01일
초판 1쇄 발행 2011년 09월 06일

지은이 | 홍우향
펴낸이 | 손형국
펴낸곳 | (주)에세이퍼블리싱
출판등록 | 2004. 12. 1(제315-2008-022호)
주소 | 157-857 서울특별시 강서구 방화3동 316-3번지 한국계량계측협동조합 102호
홈페이지 | www.book.co.kr
전화번호 | (02)3159-9638~40
팩스 | (02)3159-9637

ISBN 978-89-6023-652-3 03320

미용실, 베이커리, 카페 등 **전문직 가게 경영자** 를 위한

직원관리 노하우

왜 직원이 3개월 만에 그만둘까?

● 홍우항 지음

ESSAY

성격이겠지만 창업을 결정하면서 기술을 배우기 이전에 현장에서 일하면서 현실을 직시하는 것이 중요하다고 생각했다. 유학을 갈 수도 있었고, 유명 학원을 다닐 수도 있었지만 막상 비싼 돈 들여서 공부하고 오픈했는데 나의 길이 아니라거나 너무 힘들어 하고 싶어지지 않을 수도 있고, 직장 생활만 했지 경영이 어떤 것인지 전혀 경험이 없기 때문에 실질적으로 현장에서 경험을 쌓으며 기술을 배우고 오픈을 하는 것도 늦지 않다 판단했기 때문이다.

나는 운이 좋게 서울에서 제일 유명한 K과자점에서 실무를 배울 수 있었다. 새벽 4시에 일어나 주 6일 동안 일을 하면서 문득 베이커리라는 것이 단순히 빵만 맛있게 만든다고 장사가 잘 되는 것은 아니다라는 생각이 들었다.

엄연히 베이커리 오너도 고객을 상대하는 서비스업이자 빵을 만드는 기술자고 경영자라 빵을 만드는 것 외에도 신경 쓸 일이 많다는 것이다. 제품 개발부터 시작해서 고객관리, 직원관리, 마케팅 등 일반 회사의 오너와 다를 바 없는 쉴 틈 없는 고민을 해야되는 것이다.

그 중에서도 나는 실질적으로 가게 운영에 있어 가장 어려운 문제를 '직원관리'로 보았다.

뷰티 전문 기자를 할 때도 미용실 원장들이 '직원이 자꾸 바뀌어' 고민하는 것을 자주 봐왔고 실제로 미용실, 커피숍, 피부관리실, 베이커리 등의 소점포에는 월급 받고 그만두는 직원, 전화로 그만두겠다고 말하는 직원, 아무 말 없이 안 나오는 직원 등 전문직 서비스업종임에도 불구하고 직원들이 너무 쉽게 직장을 그만두는 일이 비일비재하게 일어나고 있었다.

직원 한 사람의 역량에 따라 대박 매장이 되기도 하고 그 직원이 이직을 하면서 직원들과 단골 고객들을 데리고 가 바로 쪽박 매장이 되는 등 직원의 이직에 따라 매장의 흥망성쇠가 좌우되는 케이스들을 봐오면서 안정적인 직원 경영을 구축하는 것이 무엇보다 중요하다 생각했다.

소점포 가게 경영의 특성상 직원들이 회사를 평생 직장으로 보기보다는 파트타임이나 일을 배우는 곳으로만 여거 다른 분야보다는 쉽게 직장을 그만두는 경향이 있지만 그렇게 된데에는 직원의 장기근속비율을 높이는데 신경쓰지 않은 경영자의 책임이 크다. 열심히 가르쳐 이제 일 좀 할만하다 싶을 때 직원이 그만두고 다른 곳으로 이직한다면 얼마나 안타까운 일인가.

사실 퇴직이 빨라지고 평균 수명이 길어지면서 퇴직 후 소규모 자영업을 택하는 사람들이 늘고 있지만 창업자들은 매출을 올리기 위해 '기술'이나 '고객관리'에는 신경을 많이 쓰는 반면에 '직원관리'는 손을 놓고 있는 것이 현실이다.

그렇지만 성공한 소자본 창업자들을 보면 고객 관리 이전에 직원 관리부터 성공했다는 공통점을 갖고 있다. 헤어 디자이너, 바리스타, 파티시에 등 전문직에 걸맞은 대우와 체계적인 직원 관리로 장기근속을 유도해 안정적인 가게 운영을 이끌었고 이는 결국 매출 상승으로 이어져 성공을 거둔 것이다.

이에 반해 대부분의 가게 경영자들은 직원에 대해 '전문직'이라는 전문성을 인정해주지 않고 '종업원' 취급하며 제대로 된 교육과 보상을 해주지 않았기에 직원들은 떠나는 것이고, 직원의 잦은 이직이 결국 고객 서비스의 질까지 떨

어뜨리면서 가게의 수익성이 떨어지는 것이다.

나도 언젠가는 '홈메이드 베이커리 카페'를 운영하는 경영자가 될 것이고 아마 단 한 명 이라도 직원을 두고 일하게 될 것이다. 그렇기 때문에 나를 비롯해 실패하지 않고 성공하는 가게를 만들기 위해 고민하는 소점포 가게 경영자를 위해 가장 기본적인 경영 노하우 중 하나인 '직원 관리'에 대해 실질적인 사례를 바탕으로 공유하면 좋겠다고 생각했다.

책에 실린 사례들은 모두 현장에서 경험한 것들로 사소하게 무시하고 지나가지만 결국엔 그 작은 문제들이 규모와 상관없이 안정적인 직원관리를 하게 되고 가게의 분위기까지 상승시켜주는 효과를 얻을 수 있을 것이다.

내가 가장 좋아하는 TV 프로그램은 '무한도전'이다. 해학이 있으면서도 인간적이고, 때론 너무 열심히 해 안쓰럽기까지 하지만 이름처럼 끊임없이 새로운 것에 도전하는 그들의 노력이 너무 아름답다.

무한도전이 장수하는 비결은 물론 모든 멤버가 열심히 하는 것이겠지만 그 외에 멤버들의 이직(?)이 거의 없다는

점을 들 수 있다. 유재석이라는 리더와 박명수 같은 충성도 높은 2인자 캐릭터, 직원 같은 나머지 멤버들이 위아래 밸런스를 잘 맞춰주기에 인기프로그램으로 오랫동안 사랑받는 것이다.

가게도 마찬가지다. 장기 근속직원이 많은 가게가 고객에게 사랑받는다. 장기근속직원 비율을 높이는 노하우는 대단한 것이 아니다. 오너가 귀찮게 여기고 대충 넘어가는 문제들이 내 사람, 좋은 인재를 만드는 포인트가 될 수 있다.

'왜 나는 이렇게 잘해주는데 직원들은 내 마음을 모르고 그만둘까'라고 생각했다면 직원들이 내 마음처럼 움직여주지 않는다고 속상해 하지 말고 지금보다 조금만 더 체계적인 경영 시스템을 만들고 무엇보다 실천하도록 노력해라. 무한도전 멤버들 같은 장기근속 충성직원을 얻는 건 시간문제다.

'카페 창업 스토리', '카페수업', '식당 경영 성공하기', '10 인이하 소기업 마케팅 전략' 등 개인 자영업자를 위한 책은 넘쳐나고 있다. 요즘 뜨고 있는 아니 이미 떠서 하나의 스팟으로 자리잡은 가로수길, 홍대, 삼청동 등 카페의 캐릭터를 분석해 소개하는 책들도 끊임없이 출간되고 있고 이 책들은 아기자기한 일러스트와 예쁜 사진을 곁들여 제법 읽기도 쉽고 특성도 잘 소개해 줘 좋은 정보원이 되고 있다.

그렇지만 가게 경영자들이 참고할 만한 '소점포 경영 관리'에 관한 책은 많지가 않다. 일반적인 경영 서적들은 5~10인 정도의 서비스업 가게 경영자들이 참고하기엔 너무 광범위한 내용이다. 광범위한 내용은 그렇다 치더라도 학문적이라 읽기도 어렵거니와 사례조차도 기업의 조직을 대상으로 해 실질적으로 현장에서 활용하기가 쉽지 않다.

사실 직원 5~10명 정도의 소점포는 경영이라기 보다는 '운영'에 가깝다. 경영 전략도 '경영 노하우'보다 '운영 노하우'에 맞게 컨설팅을 하는 것이 더 낫다고 생각한다.

그 중에서도 미용실, 베이커리, 커피숍 등 기술을 갖고 있는 전문직 오너가 운영 하고 있는 서비스업종은 특히나 특성화된 전문적인 관리 노하우가 필요하다. 고객을 직접적으로 상대하기 때문에 무엇보다 고객 서비스가 중요한데 정작 고객을 관리하는 직원에 대한 관리매뉴얼은 부족한 것이 사실이다. 프랜차이즈 가맹점은 본사 차원에서 직원관리를 해주는 곳도 있지만 대부분의 소점포 가게 경영자는 혼자 처리해야 할 일이 너무 많아 직원관리는 미처 신경쓰지 못하는 것이 현실이다.

직원관리는 경영의 모든 것이라 할 수 있다. 직원 만족이 고객 만족을 이끌고 사장의 만족을 이끈다. 직원이 오래 정착하지 못하고 금세 관둔다면 그만큼 고객 관리나 서비스 면에 있어서도 관리가 제대로 되지 않을 것이고 고객은 결국 옆 매장으로 옮겨가게 된다. 하루에 한 명씩만 빠져나가도 1년이면 365명의 단골이 이동하는 것이고, 한 번 떠난 손님은 다시 돌아오기 쉽지 않다.

한 명의 높은 직원 만족도를 가진 직장은 여러 명의 낮은 만족도의 직원을 가진 직장보다 업무 효율이 두 배 이상이 된다. 직원 만족도가 높기 때문에 고객에게 그만큼 마음에서 우러나오는 서비스를 하게 되고 고객 만족도가 높아지면 단골 고객이 늘어나면서 자연스럽게 매출로도 연계된다.

능력의 높고 낮음을 떠나 직장을 떠난 한 명의 직원을 대체하기 위해 다른 사람을 고용하려는 노력은 그만큼 업무에 적응될때까지 들이는 시간과 비용이 상당하며 유능한 직원을 데려오려면 그만큼 많은 비용을 주고 데려와야 할 것이다.

성공한 미용실이나 베이커리 등을 보면 실제로 장기근속자들이 많다. 그만큼 매장이 안정적으로 움직이고 있다는 말인데, '가게 경영'에 있어 '안정적'이라는 말은 '성공적'에 가깝다.

결국 가게를 살리는 것은 직원들 손에 달려있다. 직원들이 즐겁고 재미있게 '오래' 일해야 고객에 대한 서비스도 좋아진다.

소개하는 10개의 챕터는 가게 경영자들이 꼭 해야 할

직원관리 노하우를 실제 빈번하게 발생하는 사례를 바탕으로 여러 가지 상황에서의 원인과 솔루션을 제시해 놓았다.

　가게 경영에 변화를 주고 싶지만 무엇부터 시작해야 할지 모르겠다면 이 책을 가이드라인 삼아 오너 스스로 체크리스트를 만들어 꼭 필요한 사항부터 단계적으로 시행해 나가길 권한다. 이 책이 당신의 성공적인 가게 경영에 많은 도움이 되길 바란다.

목차

Chapter 01

직원을 고용할 땐 지원동기를 꼭 듣고 채용하라

직원을 채용할 땐 신중해야 한다. 장기근속 할 수 있는 직원을 뽑아야 한다. 내가 원하는 사람을 채용했다 하더라도 생각했던 것만큼 성과가 나오지 않을 수도 있지만 직원이 무엇을 원하고 기대하는지 알아야 욕구를 충족시켜줄 수 있다.

대부분의 소점포 매장들은 형식적으로 이력서를 받아 면접보는 형식으로 진행되는 경우가 많다. 서로에 대한 속

셈은 숨긴 채 단순히 월급은 얼마인지, 언제부터 출근할 수 있는지 등을 먼저 밝히고 서로 오케이가 되면 바로 출근하게 된다.

대부분의 가게 경영자들은 스스로 운영을 하지만 매장에 나오지 않는 오너들도 많으며 직원의 실력이라든지 마인드보다는 평범한 사람을 선호한다. 내(오너) 말을 시키는 대로 잘 따라주는 사람이 같이 일하기 편하기 때문일지도 모른다. 물론 능력이 뛰어난 디자이너나 바리스타, 파티시에를 원하는 사람도 있지만 그들은 소위 '곤조'라고 하는 자신의 스타일대로 일을 하거나 월급을 많이 주는 곳으로 이직하기가 쉽고, 독립해 자신의 매장을 오픈할 확률도 높아 함께 일하는 것이 불안할 수도 있다.

그렇기 때문에 경영자들은 경험이 있어 매장 돌아가는 상황을 잘 알면서도 실력은 완벽하지 않은 1~2년차 경력직들을 많이 뽑는 것이다. 그러면서 또 한 가지 보는 것이 전 직장에서 어느 정도 버텼는가이다.

1년 이상 다녔다면 80%이상 합격할 확률이 높다. 일하면서 여러 가지 일이 많았을텐데도 잘 참고 적응했다는 증거이기 때문이다. 그렇지만 성실한 사람을 채용했다고 해서 모두 나와 함께 오랜 기간 같이 근무할 것이라는 보장은 없다. 아마도 한 직장에서 1년 이상 버텼을 경우에는 어떤 원인이 되었든 일을 계속 하게 하는 동기부여가 지속적으로 있었을 것이다. 그렇다면 직원에게 딱 맞는 동기부여를 주기 위해서는 먼저 채용 단계에서부터 왜 우리 매장에서 일하고 싶어 하는지 알아야 직원의 욕구를 충족시켜줄 수 있지 않을까. 사람은 누구나 그 직장을 다녀야 할 이유가 있어야 오랫동안 다니기 마련이다.

J미용실을 예로 들어보자. 면접을 보러온 K와 B 두 사람에게 "왜 J미용실에서 일하고 싶습니까"라고 질문했을 때 K는 "J미용실은 한국에서 가장 유명한 미용실로서 유명한 곳에서 일하고 싶어 지원하게 됐습니다"라고 대답했고 B는 "J미용실은 새로운 트렌드를 많이 개발하고 연구하기 때문에 기술을 많이 배울 수 있을 것 같아 지원하게 됐습니다"라고 대답했다 치자.

언뜻보면 비슷한 대답인 것 같지만 들여다 보면 K는 단순히 미용실이 유명하니까 일해보고 싶은 것이고 B는 유명하게 만든 그 '기술'을 배우고 싶어 일하고 싶다는 것이다.

만약 두 사람을 고용했다고 가정한다면 K는 아마 늘 힘들다고 투덜거리면서 연예인 보는 낙으로 일하다 자기 발전 없이 또 다른 유명한 미용실로 이직할 확률이 높고, B는 J미용실만의 기술을 배우고 싶다는 확고한 목표를 갖고 지원했기에 일이 힘들어도 끝까지 남아 마네킹에 연습도 하면서 늘 배우려는 자세로 열심히 일할 것이다. B는 아마 쉽게 J미용실을 그만두지 않을 것이다.

베이커리도 마찬가지다. A베이커리에서 일하고 싶은 동기로 "빵을 너무 좋아해서 빵집에서 일하는 것이 소원입니다"라고 답한 지원자가 있고 어떤 지원자는 "저의 목표는 앞으로 A베이커리와 같은 유기농 베이커리를 경영하는 것입니다"라고 대답했다면 앞 사람은 굳이 A베이커리가 아니어도 다른 베이커리에서 일해도 상관없는 것이다.

그렇지만 지원동기를 "A베이커리는 유기농 밀가루를 사용한 바게트가 유명한데 다른 베이커리와는 차별된 A베이커리만의 바게트를 배우고 싶습니다" 라고 대답했다면 A베이커리에 대해 잘 알뿐 아니라 일할 의욕을 갖춘 확고한 목표가 있기에 최소한 바게트를 배울 때까지만이라도 그 직원은 열심히 일할 것이다.

실제로 나는 K과자점 면접 인터뷰에서 홈메이드 베이커리 카페를 오픈할 계획이 있기 때문에 창업을 위해 매장 운영하는 것을 배우고 싶고 특히 브런치 메뉴에 관심이 많다고 대답했다. 어린 나이에 시작한 것이 아니기 때문에 베이직부터 단계별로 모든 기술을 배우는 것은 쉽지 않은 일이라 판단했고 시간적으로도 나한테 꼭 필요한 기술과 노하우를 배우는 것이 중요했다.

그런 솔직함과 구체적인 대답은 타이밍도 좋았지만 샌드위치를 비롯한 브런치 메뉴를 먼저 배울 수 있는 곳에서 일할 수 있도록 기회를 얻었다. 그랬기 때문에 육체적으로 많이 힘들었지만 하루하루 내가 배우고 싶은 것을 배워가는 즐거움에 열심히 일할 수 있었다.

면접 인터뷰는 그래서 중요하다. 단순히 돈을 벌기 위해 일하러 왔는지, 일을 배우러 왔는지, 배우러 왔으면 구체적으로 어떤 업무를 가장 배우고 싶은지, 장차 자신의 미래에 관해 어떤 계획을 갖고 있는지 꼭 물어봐야 그 직원에 대해 미리 계획을 세울 수 있다.

갑자기 직원이 그만두게 되어 대신 일할 사람이 없고, 딱히 마땅한 사람이 없다고 해서 급하게 적당히 아무나 뽑게 되면(심지어 지원자의 얼굴도 안보고 전화해서 당장 출근하라고 하는 사장도 있다) 서로에 대해 잘 알지 못하기 때문에 트러블이 일어나고 감정의 골이 깊어진다. 그래서 직원이 금세 그만두면 바로 출근할 수 있는 아무나를 또 뽑게 되는 악순환이 반복되는 것이다.

직원을 채용할 때는 먼저 구인광고를 낼 때부터 '근면 성실한 사람을 구합니다' 같은 추상적인 문구보다는 직원이 해야할 일과 내가 원하는 직원상을 구체적으로 명시하고 이력서를 꼼꼼히 살펴 그 조건에 맞는 사람을 골라 면접을 봐야 한다. 면접 진행시에도 직원을 뽑았을 때의 기대효과와 장점과 단점 등 직원의 성격을 파악할 수 있는 질문 리스트를 미리 만들어 인터뷰를 하고 직원을 채용하는 것이 직원관리의 첫 번째 시작이자 장기근속 직원을 만드는 지름길이다.

인턴 직원을 활용하는 것도 인재를 확보하는 좋은 방법이다.

요즘은 대학에도 뷰티디자인과, 바리스타학과, 조리과, 제과제빵과 등 관련 학과들이 많이 생겨 방학이나 마지막 학기에 실습 개념으로 현장에 투입돼 함께 일할 기회가 많다. 이들은 자신이 좋아하는 일을 배우고 싶어 학과에 들어간 것이기 때문에 일을 배우고자 하는 마음이 열려 있고 실제 학교에서 배운 지식을 현장에서 경험하는 것을 즐기며 열심히 하기 때문에 일하는 모습을 눈여겨 보았다가 정식 사원으로 입사를 권유하는 것도 내 사람을 만드는 좋은 방법이다.

실제로 외식업이나 서비스업은 관련학과 학생들을 인턴으로 활용해 현장에서 실무를 쌓게 한 후 정식 직원으로 채용하는 경우가 늘고 있다. 인턴 직원은 현장 경험이 풍부해 정직원이 되었을 때 일반 직원들보다 빠르게 업무에 적응하는 장점이 있고 학교에서 기본기를 배우고 현장에 투입되기 때문에 일을 잘하는 것뿐 아니라 전문적인 매장 상황을 금방 이해하기 때문에 오너의 입장에서는 신입 직원 트레이닝 시키는 비용과 시간이 그만큼 절약된다.

인턴 직원뿐만 아니라 아르바이트 직원을 잘 관리하는

것도 장기근속 직원을 얻는 노하우다. 대부분의 가게에서는 인력적인 면이나 시간적인 상황 등을 고려해 파트타임 직원이나 아르바이트 직원을 많이 고용하는 편이다. 그렇지만 아르바이트생에 대해 단순 업무를 하는 사람이라거나 직원이 부족해 시간을 때우는 임시직으로 생각하고 '시간당 페이만 받아가면 그만이다', '책임감이 없다' 등 선입견을 갖고 업무에 대한 이해를 제대로 시키지 않는다.

하지만 아르바이트 직원은 누구보다도 최전방에서 고객을 가장 먼저 대하는 엄청난 업무를 맡고 있다.

예를 들어 베이커리 판매 아르바이트 직원이라면 고객이 원하는 빵을 골라주고 포장에서 계산까지 고객을 직접 상대한다. 커피숍도 마찬가지다. 손님에게 커피를 서빙하는 사람은 아르바이트 직원이다. 미용실도 소위 어시스턴트 직원들이 손님을 디자이너에게 안내하고 까다롭다는 샴푸를 도와주며 디자이너보다 먼저 손님을 응대하는 것이 보통이다. 그렇기 때문에 아르바이트 직원을 뽑는 것은 정직원 뽑는 것 못지않게 중요하고 업무에 대한 이해를 정직원과 똑같이 시켜야 함은 물론 아르바이트 직원의 의견에도 항상 귀기울여야 한다.

가끔 커피를 마시러 가서 '오늘의 커피' 메뉴에 대해 맛이 어떠냐고 물어보면 "잘 모르겠다"고 대답하는 직원들이 있다. 자세히 보면 일 시작한지 얼마 안 된 아르바이트 직원이다. 일단 손님의 입장에서 궁금한 메뉴에 대해 "잘 모르겠다"라는 대답을 들으면 좋은 기분이 아니다. 심지어 커피까지도 맛없게 느껴진다. 일차적으로는 경영자의 잘못이고 직원 관리가 제대로 되지 않은 것이다.

베이커리 신제품 시식의 경우도 고객이 제품을 먹어보고 맛에 대해 평가했을 때 아르바이트 직원이 형식적으로 시식하고 고객의 평가를 파티시에에게 전달하지 않는다면 시식을 하는 의미가 없지 않겠는가.

프랑스의 유명 브랑제리는 아르바이트 직원 대신 정직원만 고용한다고 한다. 그만큼 매장에서 고객들에게 제품 설명과 선택에 대한 전문적인 설명을 하는 것이 중요하기 때문이다. 아르바이트 직원은 직접 고객을 상대하므로 고객이 가게에 대해 불평을 하거나 칭찬을 할 때 고객의 소리를 가장 먼저, 그리고 많이 들을 수 있기 때문에 아르바이트 직원을 단순히 시간 때우는 직원이나 배우는 학생이라고 무시하지 말고 직원처럼 관리하는 것이 중요하다.

관리나 교육적인 면에서 아르바이트 직원도 직원들과 동등하게 인정해준다면 추후 정직원으로 승진시켜 주었을 때 애사심도 쌓이고 풍부한 현장 경험을 바탕으로 올라오는 만큼 업무의 전문성을 높일 수 있어 경영자의 입장에서는 직원을 새로 구하는 것보다 현명한 선택이 될 것이다.

"

직원을 채용할 때는 직원이 해야할 일과 내가 원하는
직원상을 확실하게 표현해 구인광고를 하고 장점과 단점 등
직원의 성격을 파악할 수 있는 면접 리스트를 작성해놓고
직원을 뽑는 것이 직원관리의 첫 번째 시작이다.

"

Chapter 02

직원들의 지적욕구를 채워주어라

사람들이 직장을 다니는 이유는 여러 가지가 있겠지만, 경제적인 부분 외에 중요한 관심사로 '자기계발'을 빼 놓을 수 없다. 요즘처럼 치열한 경쟁 시대에 자기계발은 평생 교육이자 미래를 위한 보험이라고 할 정도로 사람들은 자비를 들여서라도 배우는 것에 열심이다. '돈'보다도 '배움'을 갈구한다. 특히 막 사회생활을 시작한 초년생들에게 직장은 일을 통해 자신의 꿈과 비전을 키워나가는 곳이다. 비전이 없으면 직원들은 떠난다. 그들에게 있어 직장을 선택하는 첫 번째 기준은 '많은 것을 배울 수 있는 곳'이어야 한다.

직장을 고를 때 개인 샵보다는 프랜차이즈를 선호하는 사람들 중 대부분이 체계적인 교육시스템을 꼽는다.

더구나 헤어디자이너, 파티시에, 셰프, 바리스타 등은 모두 기술직, 전문직이지 않은가. 당연히 직원들은 월급보다도 배우는 것에 비중을 두고 직장을 선택한다. 직원을 오래 다니게 하려면 자기계발에 관한 기회를 많이 제공해 직원들의 배움에 대한 지적 욕구를 채워주어야 한다.

특히 소점포 가게에서 직원들이 자주 그만두는 대표적인 이유 중 하나가 '전문직'에 대한 인정을 받지 못했기 때문이다. 요즘은 2년제 대학은 물론 4년제 대학에도 관련 학과들이 당당히 자리잡고 있는데도 불구하고 현장에서의 대우는 '종업원' 수준으로 취급 받기 때문에 자신을 인정해줄 곳을 찾아 계속 철새처럼 다른 직장으로 옮겨 다니게 되는 것이다.

경영자라면 직원들에게 업무를 지시하고 월급을 주는 것뿐 아니라 기술을 전수하고 가르쳐야 할 의무가 있다.

D커피숍은 아카데미와 연계해 카페를 운영하는 곳으로 아카데미 수료생은 누구나 D커피숍에서 일할 수 있어 인기가 높다. 그럼에도 불구하고 한두 달 일하고 그만두는 사람이 많은데 대표적인 이직 사유로 배움의 기회가 적다는 말을 한다. 물론 카페에서 일을 하는 것 자체가 일을 배우는 것이지만 전문직이기에 숙련된 기술을 위한 연습과 교육이 필요한데 기회가 적다는 것이다.

직원 교육프로그램이 없는 것은 물론이고 사실 라떼아트 같은 경우도 연습이 많이 필요한데, 우유 재료비가 낭비되고 커피숍은 영업을 하는 곳이지 연습을 하는 교육장이 아니기 때문에 연습 금지라고 하니 직원들은 결국 교육 프로그램이 잘 돼 있고 연습 공간을 제공하는 커피숍으로 옮길 수밖에 없다는 것이다. 자기계발의 기회가 없다면 직원들은 금방 이탈한다. 배움에 대한 지적욕구가 충족되지 않으면 결국 떠날 수밖에 없다.

베이커리의 경우도 베이커리에 채용이 되었을 때 자신이 원하는 파트에서 일을 한다는 보장은 없다. 우선적으로 일손이 부족한 곳에 배정될 수도 있고, 개인보다도 매장 운영 상황을 보고 업무 분장을 하게 된다. 만약 케이크를 배우고 싶어 입사했다 하더라도 매장 상황에 따라 샌드위치 파트에서부터 일을 시작하게 될 수도 있다. 그런 상황에서 케이크를 배우고 싶은 직원이 샌드위치 파트에서 일을 하게 되었다면 샌드위치 파트가 단순히 케이크 파트 자리날 때까지 기다리는 과정이 아닌 샌드위치도 배울 것이 많다는 인식을 관리자는 심어줘야 한다.

예를 들어 샌드위치 업무가 끝난 후 케이크 파트로 옮겼을 때 바로 일할 수 있도록 데커레이션 교육을 시켜주거나 케이크 포장 등 케이크와 관련된 업무를 조금씩 도와주도록 기회를 주는 것이다. 그렇게 되면 직원은 배우는 기술이 있기 때문에 오너를 신뢰하며 기회가 올 때까지 기다릴 수 있을 것이다.

꾸준한 직원 교육 프로그램은 직원들의 업무와 연계해 업무의 효율성을 높여주고 사기를 진작시킬 수 있으므로 계획성있게 실시하고 항상 지속적인 관심을 가져주어야 한다. 교육프로그램이 형식적이고 지루하게 느껴진다면 '자체 대회'를 개최해 직원들의 지적욕구를 고취시키는 것도 좋은 방법이다.

삼청동의 C커피전문점은 직원 스스로 공부하면서 실력을 쌓아갈 수 있도록 분기별로 '드립 대회'나 '절대미각 선발대회' 등을 개최한다고 한다. 직원들이 꼭 갖고 싶어하는 고가의 알라딘 주전자나 동 드리퍼 등을 상품으로 내걸어 직원들의 흥미를 유발하고 대회 준비를 위한 연습을 통해 실력을 업그레이드 하는 기회를 제공하면서 이직률을 줄였다고 한다. 서교동의 L베이커리도 정기적으로 신제품 경연대회를 열어 우승 제품은 실제 매장에서 판매하게 함으로써 직원들로 하여금 자부심과 애사심을 키워준다고 한다. 내가 실무를 배운 커피숍에서도 직원들끼리 재미삼아 라떼아트 대회를 열었는데 아트를 잘하고 못하고를 떠나 우유의 스팀법이라든지 피쳐 핸들링 등에 대해서로 의견을 교환하면서 기술을 연마할 수 있는 좋은 기회가 되었다. 즐겁게 일하고 열정을 쏟을 수 있는 조직 문화가 장기근속비율을 높인다.

대회 형식의 교육 프로그램은 대회 준비를 통해 직원들의 실력을 향상시키는 것은 물론 가게 전체의 단합과 친목 도모로 가게 분위기가 좋아지게 되고 좋아진 분위기는 결국 고객에게 좋은 서비스로 이어진다. 고객이 서비스에 만족하면 직원도 자신의 일과 현재 직장에 자부심을 갖게 되고 만족하기 마련이다.

직원들이 마음껏 연습하면서 자기계발할 수 있는 시스템을 마련하는 것도 좋다. 미국의 스텀프타운(Stumptown)이라는 커피 회사는 인텔리젠시아(Intelligentsia) 회사와 함께 현재 미국 에스프레소 시장의 양대 산맥이라고 할 수 있는데, 그 스텀프타운의 기술을 배우기 위해 한국을 비롯해 전 세계의 마케터들과 바리스타들이 공부하러 가는 유명한 곳이다.

스텀프타운 공장엔 일반적으로 업무에 필요한 로스팅기(커피를 볶는 기계) 외에 직원 연습용 로스팅기계가 3대나 별도로 갖춰져 있다고 한다.

로스팅기계는 최소 3~5천만 원 정도 하는데 비용을 떠나서 직원들 연습을 위해 로스팅기와 로스팅한 원두 테이스팅을 위한 에스프레소 머신까지 완벽하게 장비를 구축해놓고 직원들은 누구든지 연습할 수 있다고 하니 역시 최고의 커피 회사는 다르구나 라는 생각을 하게 된다.

사실 로스팅은 연습을 하고 싶어도 시스템이 갖춰져 있

어야 하고 생두 등 재료비 부담이 있기 때문에 배울 때라던가 기계를 사기 전까지는 연습한다는 것이 결코 쉽지 않다. 그럼에도 불구하고 스텀프타운 회사는 직원들에게 아낌없는 투자와 배움의 기회를 통해 직원들의 지적 욕구를 채워주고 그로 인한 시너지 효과로 바리스타들이 일하고 싶은 회사 1위로 명성을 떨치고 있는 것이다.

배울 것이 많으면 직원들은 직장에 더 애착을 갖게 되고 더 많이 공부하고 열심히 일하며 결국 장기 근무를 할 수밖에 없다.

직원 교육프로그램을 잘 활용해 성공한 미용실이 있다.
연예인 헤어스타일로 유명한 청담동 A미용실이었는데 외부에서 보기엔 매끄럽게 운영되는 매장처럼 보이지만 의외로 직원들이 너무 자주 바뀌어 원장님의 고민이 이만저만이 아니었다.

청담동서 제일 잘나가는 미용실인데 왜 직원들이 자꾸 그만두는 것인지 나로서도 다소 의아했다. 원장님의 부탁으로 직원들의 상담을 하게 됐는데 그때 직원들에게 가장 많이 들은 말이 기술을 배울 기회가 없다는 것이었다.

연예인 스타일링 작업은 원장님이 대부분 하게 되고 헤어드라이어라도 잡아볼라치면 연예인들이 어시스턴트에게는 맡기지 않겠다고 하니 바닥 쓸고 청소하는 것 외에 실제로 기술을 배울 기회가 적다는 것이 불만이었다. 유명한 미용실이어서 배울 것이 많을 줄 알았는데 오히려 너무 유명해 정신없이 바빠 교육은커녕 단순 노동으로 몸만 고되니 직원들이 그만둘 수밖에 없다는 것이다.

직원들의 불만을 원장님께 진지하게 전달했다. 원장님은 그동안 너무 바빠 미처 후배들(이 원장님은 꼭 직원들을 후배라고 불렀다)을 못 챙겼는데 시간을 내서라도 선배로서 후배들을 위한 교육 시스템은 꼭 만들겠다고 했다.

몇 달 뒤 A미용실을 다시 방문했다. 여전히 연예인들로 북적거렸지만 교육 실장을 따로 두고 체계적인 교육 프로그램을 만들어 원장님의 유명 연예인 헤어스타일을 직접 마네킹으로 직접 연습 하는 등 활기차게 운영되고 있었다. A미용실은 지금 중대형 프랜차이즈로 규모가 커졌고 헤어디자이너를 꿈꾸는 학생들에게 선망의 직장이 되었음은 물론이다.

위의 A미용실 원장처럼 직접 교육시킬 시간이 없다면 '멘토-멘티 제도'를 활용하는 것도 좋은 방법이다. 오디션 프로그램인 '위대한 탄생'에서도 김태원이라는 멘토가 멘티에게 얼마나 중요한 영향을 미치는지 잘 보여주었다시피 최근 많은 기업에서 멘토 제도를 잘 활용하고 있다.

보통 멘토는 신입 직원이 들어왔을 때 경험과 지식이 많은 기존 직원을 멘토로 연결해 조언자가 되어 일대일로 지도하는 방법인데 특히 서비스업종은 전문직이라 자존심이 세기 쉬우므로 여러 사람이 교육하는 것보다 한 사람이 알려주는 것이 좋다. 예를 들어 실수를 했을 때도 모든 직원들이 가르쳐준다고 한마디씩 하면 신입 직원은 같은 말을 여러번 듣기 때문에 자존심이 상하고 반복될 경우 다니기 싫어질 정도로 스트레스가 된다. 그렇지만 신입 직원 멘티가 오로지 멘토 한 사람하고만 업무적인 대화를 할 수 있다면 한 사람만 지적하고 배울 수 있기 때문에 스트레스가 덜할 것이다.

사람마다 가르치는 방법 또한 다르기 때문에 한 사람에게 일대일로 배우는 것이 업무 파악이나 이해가 빠르고 고민이 있을 때마다 멘토와 상담하고 적응해 나가기 때문에 처음 직장 생활에 큰 의지가 될 것이다.

직원들을 위한 자기계발 동기부여는 대기업만 하고 있다고 생각하지 마라. 영어학원, 운동 등만 자기계발이 아니다. 자기가 하고 있는 일을 즐겁게 하기 위한 배움의 기회를 주는 것 또한 직원관리의 노하우임을 잊지 말아라.

"

직원을 오래 다닐 수 있게 하려면 동기부여를 줄 수 있는
자기계발에 관한 기회를 많이 주어라.
직원들의 배움에 대한 지적인 욕구를 채워주라는 것이다.
헤어디자이너, 파티시에, 바리스타 등은
모두 기술직, 전문직이지 않은가.
경영자라면 직원들에게 업무를 지시하고 월급을 주는 것뿐
아니라 기술을 전수하고 가르쳐야할 의무가 있다.

"

Chapter 03

내 머릿속에 있는 내용을 매뉴얼로 정리하라

　직원들이 직장을 그만둘 때 그만두고 싶어하는 이유 중 하나로 '직장이 체계적이지 않다. 시스템이 체계적이지 않다'라는 말을 많이 한다. 왜 직장인들은 일을 하는데 있어 '체계적'이어야 하고 그렇지 않을 경우 어렵게 들어간 직장까지 그만둘 생각을 하게 되는 걸까?

　이유는 간단하다. 체계적이지 않다는 것은 불편하다는 것이고 불편함은 스트레스로 이어진다. 스트레스를 떠안고 직장을 다닐 사람은 많지 않다.

　시스템이 체계적이지 않다는 것은 그만큼 대충 한다는 것이고, 즉흥적이어서 일하는 사람이 힘들다는 말이다. 일이라는 것은 내가 찾아서 해야 하고, 정해진 시스템에 의해서 능동적으로 해야 하는데, 관리 운영 방식이 체계적이지 않으면 수동적이게 되고 위에서 시킬 때까지 기다려야 하며, 때로는 그것이 잔소리로 이어져 양방향 스트레스를 유발하게 된다.

　규모가 작고 직원수가 적을수록 오너의 머릿속으로 움직이는 가게들이 많다. 직원들은 오너가 아니기 때문에 그 생각대로 움직일 수 없기에 서로 호흡이 안 맞는 것이다. 오너의 머릿속에 있는 내용을 매뉴얼로 정리하라는 것은 직원들이 효율적으로 일할 수 있도록 경영상의 제도, 시스템을 만들라는 것이다.

　내가 잠깐 일을 도와줬던 R케이터링 업체는 가족사업으로 케이터링을 운영하는 곳이었는데, 오랜 외국생활 경험으로 이국적인 핑거푸드 메뉴가 다양해 제법 주문이 많이 들어오는 편이었다.

겉으로 보기에는 화려하지만 직원은 한 달 일하고 월급 받고 그만두는 사람들이 많아 내가 일하러 갔을 때는 직원이 너무 자주 바뀌어 서류작업이 복잡하니 4대보험 안 들고 월급만 받아가면 안 되냐고 물어볼 정도였다.

처음 일주일간은 분위기도 좋고, 일도 많이 배울 수 있는데 왜 직원들이 금세 그만둘까 하는 의문이 들었다. 보름 정도 지나면서 가게 분위기를 알게 되자 나도 이 곳이 왜 오래다니기 힘든지 알 것 같았다.

무엇보다도 수장인 이사님이 문서작업을 안하신다. 모든 지시사항은 말로 하시고, 그때 그때 상황에 따라 업무 지시가 달라진다.

예를 들어 재고 정리를 하는 것도 매월 마지막 날이나 첫째날 등 일정한 시기 없이 재고정리를 한다. 재고정리라는 것이 물품 리스트와 구입 날짜, 유통기한, 가격 등을 체크해 남은 용량을 파악하면서 로스를 줄이자고 하는건데 R케이터링의 재고정리는 일 없는 날 직원 일 시키려고 이사님이 갑자기 만들어낸 일이다. 지난달 재고현황 리스트는 당연히 없고 형식적으로 제품명과 날짜 등을 적고 퇴근 시간까지 얼만큼 했던 정리된 만큼만 보고 '00이 비싸다' '유통기한이 생각보다 짧다' 이사님 혼자서만 보고 그 냥 버리신다. 컴퓨터 문서 작업도 없다. 심지어 케이터링이 라는 것이 특성상 주문이 있을 때가 있고 없을 때도 있지 만 엄연히 출근 시간이 있는 데도 제 시간에 출근하는 사 람이 아무도 없으니 관리가 제대로 될리 만무했다.

시스템이란 그런 것이다.

사소한 것 하나라도 문서화한다면 그게 바로 시스템이 다. 체계적인 경영은 별것 아니다. 머릿속의 생각을 문서 로 정리해 매번 똑같이 그대로 하면 된다. 보통 오너들은 좋은 생각을 머릿속에 넣어 놓고 그때그때 상황에 따라 업무 지시를 내린다. 그러면 직원들은 매번 다른 지시에 혼란스러울 뿐 아니라 오너의 업무 지시가 내려올 때까지 대기해야 하니 그만큼 일 처리도 늦어진다.

직원의 입장에서 시스템화 되지 않은 가게는 오너의 머 릿속에서 운영이 되니 직원들은 그때 그때 그 '기분', '비위' 를 맞추기 어렵고 오너들은 매사가 마음에 들지 않고 끊 임없이 잔소리를 하게 되는 것이다.

이럴때는 이렇게, 저럴때는 저렇게 하는 건 회사의 발전도 개인의 발전도 안 되는 서로 기분만 상하는 일인 것이다.

사소한 물건 하나라도 정해진 자리, 지정된 통에 넣고 선입선출원칙을 세우고 유통기한, 구입처 등을 꼭 표기해서 문서철이나 컴퓨터에 저장해 누가봐도 알 수 있게 해 후임자가 와도 당황하지 않고 업무를 인계인수할 수 있어야 한다.

사무직만 문서화하란 법은 없다. 매장 운영도 원칙을 지켜서 해야할 것들이 많이 있다. 문서가 불필요하다고 하지만 말로 전달하는 것보다 글로 한번 읽는 것이 훨씬 시스템적으로 보인다.

위의 R케이터링의 재고정리도 마찬가지다. 매월 마지막 날을 재고 정리하는 날로 정하고 제품명, 수량, 단가, 금액, 용량, 유통기한 등의 내용을 문서화 해 놓으면 일일히 손으로 입력하는 것보다 시간이 단축되고 매달 재고관리가 되니 그만큼 불필요한 지출을 예방할 수 있을 것이다.

직원 업무 매뉴얼도 마찬가지다. 예를 들어 카페에 신입사원이 들어오면 신입사원이 해야할 일은 커피를 만들기 이전에 기본적인 매뉴얼을 우선적으로 배워야 할 것이다.

그렇다면 간단하게 문서로

1. 복장은 흰 블라우스에 까만 바지 구두

2. 오픈 근무시간 10시부터 6시까지, 마감 근무시간 2시
   부터 11시까지

3. 손님이 들어오면 어서오세요 000입니다. 인사하기

4. 자리에 안내한 후 메뉴판을 가져다 주기

등으로 기본적인 룰을 문서화해서 숙지 시키면 신입사원은 업무를 잘 이해할 것이다. 말로 "내일은 10시까지 오시구요, 흰블라우스 입고 오세요."하는 것보다 훨씬 신입사원이 보기에도 매장 운영 시스템이 잘 돼 있는 것처럼 느껴질 것이다. 서비스업종에서 입사 후 3개월간 이 직장을 오래 다닐지 그만둘지 결정되기 때문에 장기근속 직원을 만들기 위해서는 입사 후 3개월 동안의 관리가 가장 중요하다.

업무의 효율성, 생산성을 높이고 싶으면 직원들에게 특히 근무 첫 날부터 업무에 대해 명확히 알려주고 일을 시키는 것이 좋다. 무슨 일을 해야 하는지 알고 있는 부분이긴 하지만 경영자가 월급을 줘가며 그 일을 맡기는 이유에 대해 분명히 알려주고 무슨 일을 해야 하는지 얼마나 중요한 일인지에 대해 강조해야 직원들이 처음부터 업무에 대해 확실하게 파악하고 책임감을 갖고 일한다.

특히 업무를 구체적으로 문서화하는 것이 업무의 생산성과 효율성에 대한 만족도가 높다. 업무에 대해 구체적으로 알려주지 않을 경우 신입 직원들은 자신이 해야 할 일에 대해 고민하게 되고 업무를 제대로 해내지 않으면 결국 잔소리로 이어지면서 서로 기분만 상할 것이다. 서로 일하기도 바쁜데 일일이 신입직원을 가르쳐 주는 것도 기존 직원들에겐 스트레스이자 시간낭비일 수 있다.

모 출판사는 "슬리퍼에는 각자 이름을 쓰고, 본인 슬리퍼만 신도록 하며, 자기 이름이 쓰여진 신발장을 이용한다" "화장실 사용 후 꼭 주위를 점검하고, 나와서 불을 끈다" "개인 컵을 사용하고, 각자 씻어서 보관한다" 등 이런 규칙 23개가 적힌 신입직원이 알아둘 일을 전달한다고 한다. 규칙이 많다는 것은 직원들 일하기가 훨씬 편해진다. 이미 룰이 정해져 있기 때문에 서로 터치할 필요가 없기 때문에 각자의 일에만 집중하면 되기 때문이다.

직원들이 장비(예를 들어 오븐이나 에스프레소머신같은)를 함부로 다룬다거나 재료를 많이 먹는 것 같은 사소한 문제도 오너에게는 스트레스가 될 수 있다. 이럴 때도 말로만 우유나 커피를 낭비하지 말아라. 빵을 먹지 말라고 하는 것보다 원칙을 매뉴얼로 정해놓으면 직원들이 그 범위 안에서 행동하게 될 것이다. 업무를 매뉴얼대로 지켜나가야 하는 이유에 대해서도 꼭 언급하고 넘어가야 직원들은 오너가 보고 있지 않을 때에도 원칙대로 일을 하고 함부로 기계를 다루거나 재료를 낭비하는 일이 없다.

업무 스케줄도 원칙을 두고 매뉴얼화하는 것이 바람직하다. 보통 근무 스케줄을 짤 때 예를 들어 매장 근무 시간이 오픈조와 마감조 2교대로 나뉠 때에는, 처음 입사 후 한달은 마감, 다음 달에는 오픈 등 기본 스케줄 원칙을 세워놓고 직원 스케줄을 짜야한다. 누구나 개인 사정은 있는데 사정을 다 봐주면 불만이 나올 수밖에 없다.

내가 아는 모 커피숍은 연령대가 다양했는데 결혼한 주부 바리스타들이 가족의 저녁 준비를 위해 오픈만 하고 싶고 주말에도 일하기 곤란하다고 하니 결국 마감 근무, 주말 근무는 누가 하겠는가?

스케줄을 짤 때도 기본 원칙을 정해놓고 매뉴얼대로 스케줄을 관리해야 직원들의 불만이 나오지 않을 것이다.

간혹 프랜차이즈 매장을 창업하는 오너들은 프랜차이

즈가 개인 매장보다 관리가 편하다고 하는데 그 이유 중의 하나가 바로 정말 사소한 것 까지도 모두 매뉴얼로 정해놓기 때문이라고 한다.

P프랜차이즈 미용실은 하다못해 헤어드라이어 선 꼽는 콘센트 위치까지도 매뉴얼화 시킨 것을 보았다. 기본적으로 테이블 왼쪽에 있는 콘센트에 헤어드라이어를 꼽아야 선이 엉키지 않고 다른 디자이너에게 피해를 주지 않기 때문이라는 것이 이유다. 오픈시 해야할 일, 마감시 해야할 일도 문서화 해 신입사원이 오더라도 매뉴얼대로 가리키면 되니 업무에 있어 혼란스러운 일이 별로 없는 것이다.

본사 운영팀이 따로 있어 관리를 잘 해주는 것이겠지만 개인 점포들도 몰라서 안하는 것이라기보다는 바쁘다는 핑계로 규모가 작다는 핑계로 대충 넘어가기 때문에 시스템이 자리가 안 잡히는 것이다. 한 번 두번이 일년 이년이 되고 직원은 계속 바뀌고 오너는 똑같은 얘기를 되풀이 하는 악순환이 반복된다. 이 고리를 끊는 용기가 필요하다.

I커피숍은 매니저 없이 바리스타 책임제로 운영되는 곳이다. 이곳은 매달 일을 배우기 위한 실무자가 3~4명씩 들

어오는데 매니저가 없는데다 매뉴얼도 따로 없으니 여러 명의 선임 바리스타가 자신만의 방식대로 업무를 가르치게 된다.

청소하는 것부터 가르치는 바리스타가 있는가 하면, 메뉴 만드는 방법을 먼저 가르치는 바리스타도 있고 계산하는 법 먼저 가르치는 바리스타가 있어 똑같이 실무를 시작했어도 사람마다 배우는 것이 다르고 진도 나가는 것이 달라 일하는 사람은 많아도 일이 효율적으로 돌아가지 않는다.

이럴 때 오너는 힘들더라도 더구나 매니저도 없는 상황이라면 업무 매뉴얼을 문서화해 바리스타들에게 전달할 필요가 있다. 처음 출근했을 때 복장, 고객응대, 메뉴 레서피, 리필 정책, 계산 등을 문서로 매뉴얼화 하고 순서대로 업무를 배울 수 있도록 정리해 놓아야 한다. 똑같은 아메리카노라고 하더라도 누구는 물을 150ml를 넣고 어떤 사람은 180ml를 넣는다면 손님은 마실 때마다 아메리카노 맛이 다를 것이다. 심지어 설거지할 때 '커피 담는 도구는 세제 사용 하지 않는다'입에 댄 컵은 세제로 닦는다'등도 매뉴얼화 해야 나중에 커피 통에서 세제 냄새가 난다는 둥 누가 닦았냐는 둥 서로 얼굴 붉힐 일이 없는 것이다.

어찌 보면 설거지하는 것이 사소할 지도 모르지만, 카페에서는 그것 또한 업무의 일환이지 않은가. 그렇다면 사소한 것이 아니다. 자신을 대신해서 일 대 일로 붙어서 가르쳐줄 사람이 있는 것이 아니라면 사소한 것 하나라도 업무에 관련된 것이라면 매뉴얼화 하는 것이 좋다.

업무설명서 즉 매뉴얼을 작성할 땐 업무에 대한 것뿐만 아니라 태도 즉 애티튜드(attitude)에 관한 부분도 함께 매뉴얼화 해라.

너무 자세한 것 아닌가 걱정하지 마라. 구체적이어서 나쁠 것은 없다. 더욱이 서비스업에 있어 애티튜드가 테크닉보다 더 중요할 수 있다. 업무에 시너지 효과를 내면 내었지 지장을 주는 일은 절대 없을 것이다.

백화점에서 서비스 교육을 할 때도 자주 강조하는 일이지만 "손님이 없을 땐 바른 자세로 서서 앞에 두 손을 모으고 정면을 응시한다" "주머니에 손을 넣지 말 것" "인사할 때는 두 마디 인사(안녕하십니까, 어서오십시오)를 한다" 등 구체적으로 매뉴얼화 해라.

내가 아는 L바리스타는 자세가 좋지 않아 늘 지적을 받는 케이스였다. 서있을 때도 짝다리로 서있는 것은 물론 항상 앞치마 주머니에 손을 넣고 서있거나 테이블에 기대어 서있기 일쑤였다.

다른 동료들이 몇 번 지적을 했는데도 동료들이 '업무'에 대한 부분도 아니고 자신의 '태도'에 대해 지적하는 것이 꼭 텃세를 부리는 것 같다고 기분 나빠하면서 자세에 대해서는 전혀 신경쓰지 않는 눈치였다. 그러던 어느 날, 한 손님이 계산을 하고 가면서 "근데 저 바리스타는 다리가 많이 아픈가 봐. 항상 기대어 있네"라고 한마디 했는데 L바리스타의 얼굴이 붉으락푸르락했음은 말할 필요도 없다. 사실 여기서 만약 애티튜드에 관한 매뉴얼이 있었다면 L바리스타도 기분 나빠하기보다는 고쳐야 하는 걸로 받아들이지 않았을까? 비단 L바리스타만의 문제가 아니다. L바리스타는 나(가게)를 대신하는 사람이기 때문에 잘못된 행동은 반드시 고치게끔 미리 매뉴얼을 만들어 놓았어야 한다.

매뉴얼은 지시하는 것만이 아닌 직원을 납득시킬 수 있어야 하고 설득할 수 있어야 한다. 매뉴얼을 만들 땐 오너

혼자 독단적으로 해야할 일에 대한 지침서를 만드는 것보다 직원 모두의 의견을 모아 만드는 것도 좋은 방법이다.

　매뉴얼이라는 것이 시간이 지나거나 상황에 따라 달라질 수 있기 때문에 그때 그때 직원들이 실무에서 일하면서 느끼는 경험을 토대로 함께 수정하면서 만들어 가는 것도 직원들의 일에 대한 의욕을 고취시키는 데 좋은 방법이다. 직접 아이디어를 내고 만들었기 때문에 누가 시켜서 한다는 수동적인 태도보다는 능동적으로 자연스럽게 지켜나가게 될 것이다.

"

시스템이란 그런 것이다. 체계적인 경영은 별것 아니다.
머릿속의 생각을 문서로 정리해 매번 똑같이 그대로 하면 된다.
사소한 것 하나라도 문서화한다면 그게 바로 시스템이다.

"

Chapter 04

직원 조회를 활용하라

작은 규모의 회사나 점포 등 소규모 인원이 일하는 곳에서는 따로 조회를 갖지 않는 곳이 많다. 실제로 아침 조회 등이 불필요하고 시간 낭비라며 필요할 경우 문자로 대체하는 경우도 늘고 있는 추세이기도 하고 말이다. 그렇지만 나는 오히려 전문 업종이기 때문에 조회는 꼭 필요하다고 생각된다. 조회는 직원들이 다같이 얼굴을 볼 수 있는 시간이자 오너의 경영 철학을 직원들과 공유하는 소통의 시간이기 때문이다. 전문 분야의 서비스업종 특성상 오너와 직원들간의 교감은 안정되고 일관된 서비스로 이어져 고객 만족을 이끌어낸다.

매일매일 하지 않아도 상관없다. 조회를 할 때는 오너 중심으로 지시사항을 전달하는 일방적인 조회가 아닌 직원 중심으로 조회 시간을 가져 생산적인 시간이 되도록 만들어 나가야 한다. 직원 조회를 잘 활용하면 오너가 없어도 매뉴얼이 체계적이라면 가게는 저절로 굴러간다. 어떤 방법을 사용하더라도 상관없다. 조회에는 여러 가지 방법이 있으므로 자신의 가게에 맞는 시스템을 도입해 실시해 보아라.

첫 번째 조회는 '쉐어링(Sharing)'의 조회이다.

아침 조회, 저녁 종례 혹은 둘다 하든 상관없이 하루에 한 번은 모든 직원이 얼굴을 맞대면서 경영 콘셉트와 업무에 대해 쉐어링, 즉 공유하라는 것이다.

오너와 직원들간의 불화는 직원들이 오너의 비전과 목적을 이해 못하고 오너 또한 자신의 생각을 확실하게 직원들에게 전달하지 못해 생기는 미스 커뮤니케이션에서 시작된다. 가게의 가치와 철학을 공유해야만 한마음이 되어 좋은 성과를 낼 수 있다. 쉐어링 조회는 무엇보다 오너의 비전과 목적을 공유하는데 의의를 두면서 업무에 대한 부분을 공유하고 업무의 효율성을 높이는 소통의 장을 여는 것이 중요하다.

서비스매뉴얼 등 업무에 대한 내용을 충분히 숙지하도록 하고 신제품에 대한 교육이나 고객 정보를 함께 공유하는 것도 좋다. 문제가 있다면 함께 극복 방법을 찾아내는 것도 좋은 방법이다.

조회를 매일 하면 공유하는 내용이 나눠지기 때문에 조회 시간이 짧아져서 직원들이 지루해하거나 귀찮아 하기보다는 업무의 효율성을 높이면서 긍정적이고 적극적으로 일할 수 있는 분위기로 만들어 준다. 보통 조회를 할 때 오너는 많은 이야기를 하고 싶어하지만 잔소리가 아닌 업무에 대한 부분만 전달해야 하고 일방적으로 진행하는 것보다는 직원들의 참여를 유도해 의견을 공유하면서 쌍방향 커뮤니케이션 조회가 되도록 한다.

두 번째는 일주일에 한 번 교육을 겸한 주간 미팅을 하라고 권하고 싶다.

　대부분의 조회는 업무와 관련되어 있기 때문에 자칫 잔소리로 이어지기 쉽다. 잘못을 시정하라는 것이 질책으로 이어져 사기 저하가 될 수도 있고 형식적인 주간 미팅은 직원들의 업무 능률도 떨어진다. 따라서 직원들에게도 조회라는 것이 형식적이 아닌 '직원 중심형'으로 함께 진행되고 배워가는 시간임을 인식시킬 필요가 있다.

　예를 들어 월요일 오전이 손님이 많지 않은 시간이라면 월요일 오전을 주간 미팅 시간으로 정하고 매주마다 아이템을 하나씩 정해 교육을 하는 것이다. 매주가 힘들다면 매월로 해도 상관은 없다. 아이템을 정할때는 직원들의 의견을 수렴해 직원들이 원하는 프로그램으로 구성하면 만족도가 높다.

　첫 번째 주는 지난달 리뷰와 이번달 목표 정리, 두 번째 주는 인성교육, 세 번째 주 월요일은 기술 세미나, 네 번째 주는 신제품 개발 등으로 주제가 확실하다면 조회라는 것이 직원들이 힘들게 일하면서도 배우는 보람과 소속감 등을 느끼게 됨은 물론 일하는 것도 능동적이 되고 즐겁게 일할 것이다. 아마 교육 프로그램을 시리즈로 진행한다면 그 프로그램을 듣기 위해서라도 그만두지 않을 것이고 오너도 매장 관리를 더욱 체계적으로 운영할 수 있다.

가게 경영자는 그래서 부지런해야 한다. 물론 직원을 자르기도 하지만 직원들이 그만두고 나가는 경우가 훨씬 많다. 다녀야 될 이유보다는 그만두는 것이 자신에게 이득이기 때문에 그만두게 되는 것이므로 그만두지 않고 더 다닐 수 있는 핑계거리를 많이 만들어 줄 필요가 있다.

K과자점은 조회와 종례, 월 교육 프로그램을 체계적으로 잘 운영하는 곳이다.

직원들이 모두 출근하면 간단하게 파트 간 업무 협조 등 그날 업무의 특이사항에 대해 전달하고 "오늘 하루도 파이팅!"을 외치며 하루의 시작을 함께 한다. 일을 시작하기 전에 다른 파트의 업무에 대해 알게 되면 부서간 협조가 자연스럽게 이루어지게 되고 일도 더 빨리 끝나게 된다.

하루 일과를 마친 뒤엔 청소를 끝낸 후 또 모여서 종례를 한다. 오늘 주문이 많아서 바빴는데 서로 도와줘서 무사히 잘 끝났다고 치하하고, 거래처가 바뀌었다든지, 신제품이 어떤 메뉴가 나왔는데 반응이 좋았다든지, 새로온 신입사원 자기소개하는 시간도 가지면서 다같이 "수고하셨습니다"를 외치면서 헤어지는 것이다. 사실 이 종례시간이 불과 5분도 되지 않는 짧은 시간이다.

그 짧은 시간 안에 직원들은 하룻 동안 매장에서 있었던 모든 일을 공유하는 것이다.

그 중에서도 크리스마스 종례가 기억에 남는다. 베이커리의 특성상 크리스마스는 대목이라고 할 수 있는데 거의 며칠 밤을 새면서 크리스마스 케이크를 작업하느라 다크서클이 발 등까지 내려올 정도다. 데드라인이 정해져 있는데다가 시트 만드는 사람, 생크림 만드는 사람, 데커레이션하는 사람, 포장하는 사람 등등 업무를 분업화해 하나의 케이크를 완성하는 것이기에 잠깐이라도 내가 한눈을 팔거나 졸면 모든 업무가 지연되기 때문에 긴장하면서 정신없이 케이크를 생산해낸다.

그 날도 다른 날처럼 마지막 케이크 포장을 끝내고 종례를 하는데 부장님께서 크리스마스 케이크 하나를 갖고 오셨다. 남들 다 쉬는 크리스마스에 몇 천 개의 케이크를 만드느라 고생한 직원들을 위해 손수 준비하신 것이다. 전직원이 함께 케이크를 먹으면서 영화 '쇼생크 탈출'에서

교도소 옥상에서 맥주 마시는 장면이 떠올랐다. 말을 하진 않아도 마음속으로는 모두 완벽한 팀플레이를 했다고 뿌듯해할 것이다. 가끔 조회나 종례는 직원 한 사람 한 사람의 열의와 의욕을 북돋아주기도 한다.

K과자점은 조회 종례 외에도 지점이 여러 군데가 있기 때문에 매월 마지막주 월요일이면 전 직원이 교육장에 모여 월 교육을 갖는다. 새로 입사한 신입직원 자기소개도 갖고 연수 다녀온 직원의 발표라던지 신제품 아이디어 공모 등 다양한 주제로 교육을 하는데 그 교육 내용이 매번 알차서 마지막주 월요일을 손꼽아 기다리곤 했다. 교육 프로그램 외에도 사장님은 고객과의 사례를 경영 우화로 들려주시면서 베이커리 업종에 있어 고객이 얼마나 중요한지에 대해 항상 강조하셨기에 직원들도 자연스럽게 어떤 상황에서도 고객을 먼저 생각하게 된다.

성공하는 가게의 비결은 해야하는 것을 귀찮다고 패스하는 것이 아닌 귀찮더라도 지켜나가는데 있다. 규모가 작다고 못할 것은 없다. 규모가 작아도 조직은 조직이고 함께 일하는 것은 모두 마찬가지이기 때문이다. 얼굴을 보고 하루를 함께 활기차게 시작하거나 마감하면서 수고했다고 치하하는 건 직원들의 유대감은 물론 사기 진작을 통해 업무 효율성을 증대시킨다.

오너도 조회를 진행하면 효율적으로 하루의 업무를 관리하게 되고 작업 효율이 향상된 만큼 직원 관리가 안정되고 복지라든지 다른 부분에 투자할 시간이 늘어난다.

"

조회는 직원들이 다같이 얼굴을 볼 수 있는 시간이자

서로의 의견을 나누는 것은 물론 업무 공유가 되기 때문에

불필요한 오해를 불러 일으키지 않고 업무의 효율을

높일 수 있는 직원과 소통하는 가장 기본적인 방법이다.

"

Chapter 05

고객에게만 웃지 말고 직원 서로서로 웃어라

얼마 전 서비스업에 종사하는 사람을 '감정노동자'로 부른다는 기사를 읽은 적이 있다. 감정노동자란 매일 미소를 보이며 밝은 표정을 억지로 지어야 하는 노동자를 의미한다고 하는데 서비스업이라는 것이 자신의 기분과는 상관없이 고객에게는 항상 웃으면서 친절하게 대해야 하기에 얼마나 힘들면 '감정노동자'라는 신조어가 생겼을까 하는 생각도 든다.

그렇지만, 서비스업에 종사하는 '감정노동자'들은 고객에게만 친절하게 대한다. 손님을 보며 웃다가도 뒤돌아서면 표정이 확 바뀐다거나 같이 일하는 동료들하고는 말도 잘 안 하면서 손님들에게만 친절하다. 아무리 자신의 감정을 속이고 늘 스마일로 고객을 대하는 감정노동자라고 해도 완벽하게 속마음을 들키지 않을 순 없다. 일반 노동자는 사장의 눈치만 보면 되지만 감정노동자는 사장과 고객 모두의 눈치를 봐야 한다.

특히 직장에서 부딪히는 직원들과의 트러블로 사이가 좋지 않아 생기는 스트레스는 신기하게도 손님에게 그대로 전달된다. 기분이 나쁘면 아무리 고객이 우선이라 하더라도 목소리부터 가라앉아 인사하고, 웃는 것도 눈으로 웃지 않고 입으로만 웃게 된다. 직원이 스스로 행복하지 않으면 고객의 만족을 위해 최선을 다할 수 없다.

사람들이 직장을 그만두는 이유 중의 하나로 금전적인 부분을 빼고 동료나 상사와의 불화를 꼽는다. 대표적인 이직사유 중의 하나이다. 우리는 고객들에게는 친절하면서 반대로 동료들에게는 마음을 잘 열지 않는다.

대부분의 노동자들은 직장에 따라 다르지만 최고 10시

간 이상을 동료들과 같이 보낸다. 어찌 보면 잠자는 시간을 빼고 가족보다도 더 함께 지내는 시간이 많다. 그렇지만 '가족같은'이라는 말로 포장은 하지만 실질적으로 가족처럼 친하게 지낸다거나 웃으면서 친절하게 대하는 건 쉽지 않다.

같이 일하면서 트러블이 없을 수는 없고 기술직이고 서비스업이기 때문에 육체적으로 힘들고 스트레스를 많이 받지만 그 스트레스를 직장 동료에게 풀어야 할 이유는 없다. 같이 일하는 상사든 동료든 후배든 동료를 '고객'이라고 생각하고 대해 보아라. 아마도 많은 부분을 양보하고 서로 이해하게 될 것이다.

명동 S미용실의 M실장은 고등학교 때부터 일을 시작해 비교적 나이에 비해 승진이 빠른 편이었다. 나이가 어린 것을 커버하려고 하는 것인지 원래 성격인지 모르겠지만 어린 나이에도 권위 의식에 사로잡혀 있는 것뿐 아니라 매사에 불평불만이 많은 사람이었다. 신입직원이 처음부터 일을 잘할 수 없는데도 일을 잘 가르쳐줄 생각은 안하고 '실장'이라는 타이틀에만 연연해하며 신입직원을 함부로 대하곤 했다. 매사에 부정적이고 자기 기분에 따라서 분위기를 들었다 놓았다 해 대부분의 직원들이 그녀를 좋아하지 않았다.

이에 반해 같은 미용실의 또 다른 직원인 K매니저는 항상 웃고 잘 챙겨주는 스타일이라 직원들이 밥을 먹을 때도 K매니저와 함께 밥을 같이 먹고 싶어하고 무슨 일이 있으면 K매니저에게 상의를 한다. K매니저 주변에는 항상 사람들이 많다. M실장은 직원들이 좋아하는 K매니저가 부러웠는지 자신의 성격을 고치기보다는 늘 그녀를 험담하고 다녔다.

문제는 M실장의 성격을 원장을 비롯해 모두 알고 있다는 사실이다. 몇 번 성질 좀 죽이라고 말했는데도 M실장은 마치 그것이 자기 캐릭터인양 '나는 원래 그런 사람이야'로 일관하면서 버티었다.

나는 미용실의 분위기를 흐리는 M실장을 원장이 어떻게 관리하는지 지켜보았는데 말로만 몇 마디 하는 것으로 크게 신경을 쓰지 않는 눈치였다. M실장이 있는 동안엔 함께 일하는 동료들도 힘들고 무엇보다 오너의 입장에서도 어떻게 관리해야 할지 고민되는 부분일 것이다.

직장에도 '직장 예절'이라는 것이 있다. 가게도 마찬가지다. 더구나 서비스업이기 때문에 다른 일반 회사보다 더 활기찬 직장 분위기를 만들어가도록 노력해야 한다. 처음부터 가훈이나 급훈처럼 '고객에게 웃기 먼저 직원들끼리 먼저 웃어라'라고 사훈을 정해 놓는다면 아마도 직원들 사이의 분위기는 자연스럽게 잡혀나갈 것이다.

오너는 직장에서의 직원들 사이가 원만하지 않다면 분위기를 띄울 수 있도록 조취를 취해야 한다. 때로는 모른 척 하는 것이 도움이 될 때가 있지만 경과를 지켜보면서 나아지지 않을 경우엔 상담을 통해 문제를 해결해야 한다.

고객에게 직접 서비스를 제공하는 사람은 다름 아닌 직원이다. 오너가 아무리 고객에게 친절하라고 강조해도 직원과의 트러블이나 불만이 가득한 직원은 이 말을 잘 실천하지 않는다. 결국 직원 불만이 고객 불만으로 이어지고 매장의 수익성을 악화시키고 만다.

하루 10시간 이상 서서 일하는 것은 생각보다 힘든 일이다. 고객에게 시달리고 육체적으로 힘들 때 동료들의 웃음은 비타민과도 같다. 누구도 뚱한 얼굴은 보고 싶지 않다. 일을 잘하고 못하고는 두 번째 문제이다.

원래 성격이 약간 무뚝뚝하고 퉁명스러운 사람들이 친해지고 나면 잔정이 많은 경향이 있다. 그렇지만 손님하고 언제 친해져서 잘해준단 말인가? 그럼 처음 방문하는 손님에게는 나는 첫인상이 차가워도 친해지면 친절하다고 손님에게 설명할 것인가? 그렇다면 오너의 입장에서 어드바이스를 해줘야 한다. 성격이라 힘들다 하더라도 직원들끼리 자주 웃도록 유도하고 실제 많이 웃으면 자연스럽게 손님에게도 웃으면서 서비스할 수 있다.

우리나라 사람들은 항상 기선을 잡으려는 잘못된 생각을 갖고 있다. 내가 강하게 나간다고 해서 기가 잡히는 것이 아니고 내 할 일을 똑부러지게 하면서 누구에게나 친절하고 웃는 다정한 사람들이 사람을 끌어당기고 모으는 것이다.

최근 유행처럼 생겨나고 있는 떡볶이집 중 한 곳은 오너가 큰소리로 "어서오십쇼" 선창을 하고 직원들이 따라 외치는 유쾌한 분위기를 보여준다. 활기차고 즐거운 가족같은 분위기가 손님에게 그대로 전해져 소위 대박집으로 소문이 났고 프랜차이즈를 하고 싶다는 문의도 계속 늘고 있다고 한다. 화기애애한 직원 분위기가 협동적인 팀웍을 만들어 팀플레이를 통해 좋은 회사 분위기를 이끌고 고객들에게도 친절한 서비스로 이어지는 것임을 가게 경영자들은 참고하면 좋을 것이다.

　N커피숍의 P바리스타는 심하게 내성적인 성격이라 손님들 앞에만 가면 경직되 걱정이 많았다. 단순히 긴장하는 것이 아닌 손님들이 느끼기에 불친절 하다는 말이 나올 정도로 퉁명스러운 것이 문제였다. 그렇지만 사장님은 P바리스타를 자르기보다 오히려 손님을 더 많이 상대할 수 있도록 모든 서빙을 P바리스타에게 시키면서 자신감을 키워주고 같이 일하는 직원들도 P앞에서는 더 크게 웃고 분위기를 띄우며 그 웃음진 표정을 그대로 손님에게 갖고 갈 수 있도록 도와주었다. 특히 커피에 대해 해박한 지식을 갖고 있어 고객의 질문은 모두 P에게 응대할 수 있도록 자신감을 북돋위주었다.

　시간이 지나면서 P바리스타는 우울했던 표정에서 자신감 있는 표정으로 바뀌었고 지금은 누구보다 더 큰 목소리와 웃는 얼굴로 손님을 맞이하고 있는 중이다.

처음 입사했을 때 오너 혹은 매니저, 선임자 누구든지 업무 인계인수를 할 수 있지만, 경영자가 특별히 30분 정도 시간 내어 차 한 잔 마시면서 인성교육을 시킬 필요가 있다. 인성교육이라는 것이 꼭 책에 나와있거나 어려운 내용이 아니다. 웃으면서 매장의 콘셉트에 대해 간단하게 설명해주고 직원들끼리 서로 도우며 친하다는 것을 강조하면서 밝은 면을 이끌어 내라. 누구나 선한 면은 존재하고 웃는 게 예쁘다. 그 안에 있는 잠재된 웃음을 끌어내는 것도 오너의 능력이다.

오너들이 직원을 뽑을 때 일 잘하는 사람보다도 성격 좋은 사람이나 무난하고 착한 사람을 뽑는 데는 이유가 있다. 직원들의 화합이 회사 분위기를 좌우하기 때문일 것이다. 어느 오너도 직원들 사이가 나쁘길 바라는 사람은 한 명도 없다.

간혹 직원들끼리 어울리는 것을 싫어하는 오너도 있다고 들었다. 직원들끼리 회사 밖에서 자체적으로 회식을 하거나 따로 만나면 왜 만나냐고 질책한다는데 아마 그 매장은 직원들이 자주 바뀌는 곳일 것이다. 그만큼 오너가 비밀이 많고 직원들끼리 모여 소위 뒷담화라는 것으로 부정적인 얘기가 나도는 것이 싫기 때문이다.

하지만 사무직이건, 노동직이건, 서비스업이든 업종과 상관없이 모든 직장은 직원들끼리의 동료애가 회사를 다니는 두 번째 이유가 될 수 있다. 간혹 사람들이 너무 좋아 회사를 그만두지 못하고 계속 다니는 사람도 있지 않은가. 이러한 장기근속이 회사의 안정을 이끌어내는 것이다. 소위 직원이 힘들어서 그만두고 싶어도 동료들이 고민상담을 해주면서 서로 위로하고 스트레스를 줄여나가며 유대감을 쌓아간다면 회사를 쉽게 그만두지 않을 것이다.

고객에게는 잘하지만 같이 일하는 직원들끼리 예의가 없거나 무시하고 서로 존중하지 않는 직원들이 있다면 오너가 먼저 나서서 직원들에게 웃으면서 일하고 존중해주는 모범을 보여라. 직원들끼리 업무 지시나 전달을 할 때도 고객한테 하듯이 웃으면서 전달하는 것도 필요하다. 고객한테는 "네~ 고객님" 웃으면서 대답하면서 직원들한테는 마치 아랫사람한테 말하듯이 부리는 말투로 지적하는 건 옳지 않다. 오너가 웃으면서 직원들을 대하다 보면 직원들도 서로 웃으면서 일하게 되고 그런 자연스러운 웃음은 고객 만족 서비스를 이끌어 내고, 가족 같은 분위기는 이직하고 싶다는 고민보다는 출근길이 즐겁다.

결국 가게를 살리는 것은 직원들 손에 달려있다고 해도 과언이 아니다. 직원들이 즐겁고 재미있게 일해야 고객에 대한 서비스도 좋아진다.

> "
>
> 고객에게는 왕으로 대하면서 같이 일하는 직원을
>
> 하인 부리듯 한다면 오너가 먼저 웃으면서
>
> 일하고 존중해주는 모범을 보여라.
>
> 드림팀을 만드는 건 시간 문제다.
>
> "

Chapter 06

직원은 종이 아니다. 시키지 말고 먼저하라

　회사가 몰려있는 지역의 식당은 점심시간이 특히 피크 타임이다. 손님들은 미처 테이블을 치우기도 전에 앉아서 메뉴부터 주문한다. 직장인들도 점심시간이라는 것이 있어서 정해진 시간에 들어가야 하기 때문에 급하게 서두르는 것이다.

　바쁜 와중에 손님이 "여기요"하고 부를 때 "언니야, 저기 3번 테이블"하고 주인이 직원에게 시키는 식당이 있는가

하면 손님이 부르는 것을 보고 "네, 손님 필요한 것 있으세요?"하고 주인이 직접 다가오는 식당이 있다. 당연히 후자 쪽이 훨씬 잘 되고 오래도록 살아남는다.

나는 오너이기 때문에 설거지라든지 서빙을 하지 않는다는 사람과 오너라도 바쁜 시간에는 설거지라도 도와주려고 하는 사람중에 직원들은 물론 후자의 오너를 더 존경할 것이다. 일을 도와준다고 해서 결코 직원들이 사장님을 얕보거나 무시하지 않는다.

가끔 가게 경영자들은 오너이기 때문에 직원들을 부려도 된다고 생각한다. 선임자들의 경우도 먼저 입사했기 때문에 신입들에게 모두 시켜도 된다고 생각한다. 입사시기가 다를 뿐 모두 같은 동료이다.

비단 서비스업뿐만 아니라 대부분의 사람들이 그런 권위의식을 갖고 있다. 직장을 한 달 안에 그만두는 사람들의 퇴직 사유 중에 '잡일을 많이 시켜서'라는 이유도 있다. 가게 경영자가 제일 힘들어 하는 문제가 바로 사람을 관리하는 것이다. 식당이나 홀에서 일하는 직원이 자주 바뀌면 식당 운영은 힘들어질 것이다. 메인 주방장이 바뀐다면 음식맛이 달라져 고객이 떠난다거나 독립해 오픈하면서 데리고 있는 직원들을 모두 데리고 떠나 데미지를 안 겨주기도 한다. 그럼에도 불구하고 오너들은 그 당시에만 직원들에게 잘해 줄 걸 후회하고 다시 새로운 직원을 구 하면 직원 관리는 까막게 잊어버리고 직원을 종처럼 부리 기 시작한다.

"빠르게 움직여라" "고객들에게 웃어라"등 잔소리해봤자 입만 아플 뿐이다. 이럴땐 그저 묵묵히 주인이 몸소 보여 주는 것이 가장 훌륭한 방법이다. 기준을 세우고 주인인 내가 먼저 솔선수범하면 직원들도 차츰차츰 따라온다. 가 르친다고 이것저것 말해봤자 직원 입장에서는 잔소리로 들릴 수 있다. 혼자 잘하고 있는데 참견한다거나 했던 말 을 반복하면 하던 일도 하기 싫어진다. 사소한 것이라도 시키지말고 직접 시범을 보이면서 직원들이 자연스럽게 따라하도록 먼저 나서서 해라.

내가 단골로 가는 식당의 사장님은 언제나 손님이 부르 기도 전에 먼저 와서 서비스를 해준다. 요즘엔 남은 음식 을 재활용하지 않고 버리기 때문에 예전처럼 밑반찬을 푸 짐하게 담지 않는 추세인데 그러면 식사 도중에 "반찬좀 더주세요"라고 그 말을 하는 것이 왠지 마음이 편치는 않다. 직원을 부를까 말까 고민할 때 사장님은 부르기도 전에 먼저 와서 "반찬 좀 채워드릴까요?" "물 좀 더 드릴까요?"하면서 직원들보다도 먼저 와서 서비스를 해준다. 사실 사장이라면 카운터에 앉아서 직원들을 시켜도 되지만 항상 먼저 나서니 직원들은 처음엔 멀뚱멀뚱 서 있다가도 시간이 지나면서 사장님보다도 더 먼저 주위를 살피며 일을 하고 있었다.

사장이 직원들을 시키는 것은 직원 입장에서 보면 잔소리밖에 되지 않는다. 그리고 그 잔소리를 듣기 좋아하는 사람은 아무도 없다. "8번 테이블 손님 부르시니 가봐" "3번 테이블에 반찬 더 갖다줘" "2번 테이블 치워" "1번 테이블 계산" 등등 서비스업에서 일어날 수 있는 이런 모든 일들은 직원들이 알아서 해야 한다. 카운터에 사장이 앉아서 일일이 지시한다면 직원들은 절대 오래 버티지 못할 것이다. 모든 일은 직원 스스로 능동적으로 해야 한다.

'차라리 내가 하고 말지'라는 마음으로도 하지 말자. 그렇다면 그 직원은 점점 미워지게 되니까 말이다. 내가 하는 것을 보고 자연스럽게 배울 것이기에 가르친다는 마음으로 즐겁게 일하자.

커피숍에서 일할 때 처음엔 서 있는 것이 너무 힘들어 다리를 꼬거나 테이블에 기대거나 비딱하게 서 있는 경우가 많은데 자세를 똑바로 하라고 아무리 말을 해도 자세는 잘 고쳐지지 않는다. 그렇지만 오너가 옆에서 바른 자세로 항상 서있다면 직원들도 차츰 바른 자세로 서 있게 될 것이다.

내가 살고 있는 아파트 앞에는 슈퍼마켓이 세 군데가 있다. 편의상 A, B, C라고 부르겠다. A는 아파트에서 제일 가까운 곳에 있는데도 불구하고 손님이 없어 처음 이사 오고 나서 의아해 했는데 몇 번 가보고서 그 이유를 알았다. 우선 가게 영업시간을 세 슈퍼마켓 중에서 가장 늦게 열고 가장 먼저 닫는다. 두 번째는 물건을 고르고 계산을 할 때 손님을 쳐다보지 않고 벽에 붙어 있는 텔레비전만 쳐다보고 있다. 장사를 하겠다는 건지 말겠다는 건지 의문이 들 정도다. 인사는 당연히 안한다.

B슈퍼마켓은 가장 문을 일찍 열고 늦게 닫는다. 그리고 손님이 귀찮을 정도로 대화를 시도하며 가능한 한 모든 손님을 다 기억하려고 하는 것처럼 보인다. 양복에 꽂

은 회사 배지를 보고 "좋은 회사 다니시네요"하고 아는 척을 하기도 하고 싱싱한 과일을 싸게 팔 땐 과일 한번 드셔보시라고 권하는 것은 물론 심지어 새벽 3시에 일어나 농수산 도매시장에 가서 매일 매일 좋은 물건을 갖고 온다는 귀여운 생색까지 낸다. 계산할 때마다 얼굴을 빤히 쳐다보니 젊은 사람들은 부담스러워하기도 하고, 아주머니들은 관심이 싫지 않은 것 같다. 항상 손님이 북적이는 것을 보면.

C슈퍼는 오픈과 마감 시간이 너무 이르지도 않고 빠르지도 않고 적당하다. 그런데 세 슈퍼중에서 제일 목청이 크다. 소위 고객을 끄는 호객행위라면 호객행위(참외가 5개에 5천원 류의)를 정말 최선을 다해서 열심히 한다. 슈퍼 앞으로 지나갈 때 그날의 세일 품목에 대해 들으면 괜히 싸다는 생각에 안 사갈려야 안 사갈 수가 없게 된다. 무엇보다도 C슈퍼는 일요일은 꼭 문을 닫는다. 일주일에 하루는 쉬면서 재충전을 하는 것처럼 보인다.

내가 보기에 B 슈퍼와 C 슈퍼의 매출은 아마도 비슷할 것이다. 두 슈퍼 모두 오너가 열심히 하기 때문이다.

A, B, C 나는 과연 어떤 슈퍼마켓의 오너인지 한 번 생각해보아라.

"

서비스업에서 일어날 수 있는 모든 일들은

직원들이 알아서 해야 한다.

카운터에 사장이 앉아서 일일이 지시한다면

직원들은 절대 오래 버티지 못할 것이다.

가르친다고 이것저것 말해봤자 직원 입장에서는

잔소리로 들릴 수 있다.

사소한 것이라도 시키지 말고 직접 시범을 보이면서

직원들이 자연스럽게 따라하도록 먼저 나서서 해라.

"

Chapter 07

나를 대신할 아바타를 심어놓아라

오너는 바쁘다. 규모가 작고 크고를 떠나서 신경 써야 할 부분이 많기 때문에 모든 일을 혼자서 완벽하게 처리하기란 쉽지 않다. 이럴 때 나의 아바타가 나대신 관리해줄 사람이 필요하다는 것이다.

아바타는 이른바 '나의 분신'이라고 불리는 사이버상의 캐릭터를 이르는 말이다. 말 그대로 나를 대신하는 사람이 나의 지시대로 말하고 움직이는 것이다. 직원들에게 말

로만 주인의식을 갖고 일하라고 하지 말고, 2인자를 두고
한결 같은 관리를 하게 만들어야 할 것이다.

가끔 구인란을 보면 "내 가게처럼 일해 줄 직원을 찾습
니다"라는 문구를 보게 된다.

그 말은 말 그대로 자기 가게처럼 열심히 일해 줄 사람
을 찾는다는 말과 함께 사장이 관리를 잘 할 수 없으니
대신 관리해줄 사람을 찾는다는 말처럼도 들린다. 어쩌면
자기 대신 가게를 운영해줄 사람을 구한다는 것은 큰 모
험이 될 수 있다.

만약 이 책을 읽는 오너가 남을 잘 믿지 못하며 무조건
혼자서 다 해야 하는 스타일이라면 이 챕터를 읽으면서 2
인자의 필요성에 대해 곰곰이 생각해보아라. 불안감 때문
에 후임자를 키우는 일을 두려워해서는 안 된다. 먼저 믿
어라. 믿어야만 그 믿음에 부응해 열심히 성장하려는 의
욕과 책임감이 생기는 법이다.

케이스 1. 서래마을에 커피를 주문하면 그 자리에서 바로 원
두를 볶아 내려주는 커피숍이 있다. 꽤 유명한 곳인데 실

제로 커피향이 살아있어 맛있게 마신 기억이 있다. 그래서 지인에게 소개시켜주고 재방문했는데, 커피맛이 예전에 마셨던 향이 강한 그 맛이 나질 않는 것이었다. 직원에게 물어보니 오늘 사장님이 쉬는 날이라고 한다. 그래서 직원이 대신 커피를 볶았는데 아무래도 그때 그 커피맛이 나질 않았다.

케이스 2. 이름만으로도 알만한 유명 바리스타가 커피숍을 오픈했다. 챔피언이 그려주는 라떼아트는 어떨까 기대를 갖고 커피숍을 방문했는데 챔피언은 대회에 나가고 직원만 있었다. 직원이 그려준 라떼아트는 아트라고 하기엔 애매한 그림이 둥둥 떠 있었다.

케이스 3. 이름만 대면 알만한 유명 베이커리. 역시 자신의 이름을 걸고 운영하는데 협회 회장이며 인터뷰 등 대외활동이 많아 보인다. 그렇지만 난 몇 년 동안 나름 단골이라 자부하며 빵을 사러 다니고 있지만, 한 번도 빵맛이 이상하다거나 매장에서 달라진 느낌을 가진 적이 없다. 이 베이커리는 정말 너무 평범하리만큼 매일 매일이 똑같다.

물론 신제품이 나왔을 때 시식을 하거나 새로운 제품은 나오지만 고객이 크게 불편을 느낄 수 없을 만큼 빵 맛과 서비스가 늘 일정하다.

알고보니 이 곳은 오너를 대신하는 중간관리자가 철저하게 운영하고 있었다.

'철저하게'라는 말은 말 그대로 오너의 아바타가 되어서 오너가 원하는 대로 운영을 하고 있다는 말이다.

예를 들어, 그 베이커리는 마감 시간에 가더라도 항상 빵 종류가 많다는 것이 장점인데 손님이 빵을 사러 왔을 때 원하는 빵을 사갈 수 있게 해야 한다는 것이 오너의 철학이다. 만약 2인자가 그 철학을 받아들이지 않고 자기 생각대로 무조건 오늘 만든 빵은 다 팔아야 한다고 생각하여 딱 팔릴 만큼만 생산한다면 손님은 빵을 사러왔다가 빵이 없으면 굳이 그 빵집이 아니더라도 다른 빵집으로 빵을 사러 갈 것이다. 그리고 그 빵집의 고객감동 콘셉트는 오너의 의지와는 다르게 중간관리자의 판단으로 일관된 콘셉트 없이 들쭉날쭉 운영될 것이다.

다시 말해 늘 한결 같은 매장을 유지하기 위해서는 나

의 마인드를 이해하고 따라줄 아바타를 심어 놓으라는 것
이다. 매장 운영에 신경을 덜 쓰게 되어 오너가 해결해야
할 대외적인 일도 마음 편하게 처리할 수 있고, 고객의 입
장에서도 항상 같은 퀄리티의 메뉴를 먹을 수 있으며 단
골 고객 확보가 되는 것이다.

B커피숍은 매달 실무가 새로 들어오고 기존 실무는 파
트타이머가 되고 기존 파트타이머는 그만두면서 일하는
사람이 자주 바뀌는데, 관리해주는 매니저가 없으니 업무
를 배우는 데 있어 혼란을 야기하는 경우가 많았다. 사람
이 자주 바뀌니 가게 분위기도 어수선하고 매출에도 적잖
이 영향을 미치게 되는 것이다. Chapter 3에서 강조했던
'매뉴얼을 만들어라'와 비슷한 맥락인데 매뉴얼을 만드는
것 외에 전체적으로 매장을 관리할 아바타가 필요한 것이
다. 사람들은 주인이 자주 바뀌는 곳이거나 직원이 자주
바뀌는 곳을 별로 좋아하지 않는다. 사람이 자주 바뀌는
데는 분명 안 좋은 이유가 있기 때문이다.

2인자를 둘 때 한 가지 고려할 사항이 있다. 그 2인자가

나를 대신해서 매장을 운영해야 하는 아바타임을 잊지 말아야 한다.

무슨 말인가 하면, 오너는 보통 경험이 풍부하고 오래된 직원에게 2인자의 자리를 맡기게 된다. 그렇지만 경험 많은 직원이 일은 잘할지 몰라도 '교육'이라든지 '관리'를 잘하는가는 또 다른 문제이기 때문이다.

모 커피숍의 H바리스타는 실력이 정말 뛰어나다. 실력이 뛰어난 것은 물론 고객관리까지 잘해 단골 고객을 많이 확보하고 있고 H바리스타가 일하는 날 매출이 높은 것은 말할 필요도 없다. H바리스타의 고객관리 비법은 실력보다도 고객과의 대화에 있다. 손님의 대부분이 주부 고객들인데 대화 상대가 필요한 주부들이 커피 한 잔 시켜놓고 H바리스타와 많은 대화를 나누면서 스트레스를 푸는 것이다. H바리스타는 남자들이 바(bar)에 가서 바텐더에게 와이프에게도 하지 못하는 자신의 허심탄회한 이야기들을 하듯이 주부들은 H바리스타에게 와서 수다를 떨면서 스트레스를 푼다. 어떨 땐 H바리스타를 놓고 고객들간에 서로 쟁탈하려는 묘한 경쟁을 벌이기도 한다.

그렇지만 H바리스타의 타이틀이 매니저를 겸한 실장이고 일도 잘하지만 자신의 일만 잘한다는 것이다. 직원들에게 기술을 가르치지도 않고, 직원 관리도 하지 않는다. 오로지 자기를 찾아오는 단골 고객 관리만 하면서 매출을 올리는 것이다. 물론 오너 입장에서는 매출을 올려주는 에이스도 필요하지만 사실 이중적으로 불안한 면도 없지 않다. 만약 더 높은 연봉을 주는 커피숍이 있다면 H바리스타는 자신에게 더 많은 월급을 제시하는 다른 커피숍으로 언제든지 떠날 수 있다.

최근 '1박 2일' 오락 프로그램도 '강호동'이라는 1인자 에이스가 떠나고 싶다고 하니 프로그램 자체가 없어지는 위기를 맞을 정도로 2인자의 존재감이 중요하다.

자신을 대신해줄 아바타를 구하는 것은 일을 잘하는 직원이 아닌 말 그대로 나(오너)의 마인드를 이해하고 그 콘셉트대로 관리를 잘하면서 매장이 정상적으로 돌아갈 수 있도록 매니지먼트를 잘해줄 수 있는 2인자를 구하라는 것이지 매출을 올려줄 에이스 직원을 고용하라는 말이 아님을 명심하라.

여기서 또 한 가지 짚고 넘어갈 부분은 가족경영을 하고 있는 매장이다.

많은 가게 경영자들은 규모가 크지 않기 때문에 인건비 절약 차원 등의 이유로 가족이 매니저나 실장 등의 직함으로 2인자의 역할을 하게 되는데 가족이 물론 2인자의 역할을 잘 해준다면 문제가 없으나 그렇지 않고 주먹구구식의 경영을 한다면 모르는 사람과 함께 일하는 것만 못할 것이다.

적어도 가족이 함께 운영을 한다면 오히려 자신의 마인드를 잘 이해할 수 있으니 믿고 맡기되 자신이 없어도 문제없이 돌아갈 수 있도록 충분히 대화를 많이 하고 직원들에게도 단순히 오너 없을 때 감시하는 사람이 아닌 엄연한 관리자로서 책임관리를 하고 업무에 있어서도 일처리를 능숙하게 잘 할 수 있도록 부단한 노력을 해야할 것이다.

무엇보다 중요한 것은 소위 '심복'이라고도 표현하는 2인자를 결정했다면 자신을 믿는 것처럼 믿고 힘을 실어주어 직원들이 따르게끔 하는 것도 중요하다.

"

자신을 대신해줄 아바타를 구하는 것은

일을 잘하는 직원이 아닌 말 그대로

나(오너)의 마인드를 이해하고 그 콘셉트대로 관리를

잘하는 2인자를 구하라는 것이지 매출을 올려줄

에이스 직원을 고용하라는 말이 아님을 명심하라.

"

Chapter 08

직원의 단점보다는 장점을 보아라

누구나 단점은 쉽게 고쳐지지 않는다. 그리고 단점에 대해 본인이 누구보다 잘 알고 있기 때문에 단점에 대해 계속 얘기하면 잔소리가 되고 결국 튕겨나가기 마련이다.

예전에 아는 지인이 남자 친구를 사귀는 것이 참 힘들다는 말을 한 적이 있다. 그 이유에 대해 물으니 만날 때마다 그 사람의 단점이 너무 눈에 들어와 만나기 힘들다는 것이었다. 예를 들어 밥을 소리내서 씹는다든지 하는 식의 별 것 아닌 특이하지 않은 단점 말이다.

　직원도 마찬가지다. 장점보다는 단점이 먼저 눈에 보이기 때문에 싫은 내색을 하게 되고 결국엔 맘에 안 든다고 기회도 주지 않고 자르거나 잔소리에 지친 직원이 그만두는 악순환이 반복된다. 윗사람은 단점이 훨씬 더 잘 보인다. 단점이 눈에 들어오면 지적하고 고쳐주고 싶은 마음은 이해하지만 업무에 크게 지장을 주는 것이 아니라면 그 사람의 단점보다는 장점부터 보아라.

　사실 단점이 없는 사람은 없다. 장점에 초점을 맞추면 단점이 사라진다. 단점을 장점으로 바꾸는 비결은 단점을 생각하지 않고 장점만 계속 보다 보면 장점이 더욱 눈에 들어온다. 단점보다 장점을 보라는 것은 실패보다 성공을 강조하라는 것과 일맥상통한 부분이다. 부정적인 요인을 찾는데 급급하다보면 긍정적인 요인을 놓치게 된다. 장점을 포용할 땐 단점도 함께 포용해야 한다. 자기 마음에 드는 직원만 칭찬하기에 급급해 싫어하는 직원들이 거둔 성과를 보지 않는 경우가 많다.

　직원의 단점보다는 장점을 보려고 노력해 좋은 인재를

얻은 사장님의 사례를 들어보겠다.

사장님에게는 굉장히 무뚝뚝한 직원 B가 있었다. 서비스업에 있어 미소와 친절은 굉장히 중요하기에 사장님은 웃지 않는 B를 잘라야 하나 말아야 하나 굉장히 고민하고 계셨다. 단점이 굉장히 크게 다가온 케이스이다.

나는 사장님께 B가 잘하는 것은 없냐고 물어보았고 B가 무뚝뚝하지만 다른 직원들보다 성실성이 뛰어나다는 장점을 들을 수 있었다. 결근은 물론 지각도 하지 않고, 다른 직원들이 펑크낸 스케줄도 말없이 대신 해주며 늦게까지 남아 청소 등 마무리 정리를 잘한다는 것이다. B는 무뚝뚝하지만 다른 나이 어린 직원들에게는 없는 '성실함'이라는 장점이 있는 것이다.

서비스업이 정규직이 대부분 아닌 경우도 많아 업무를 가볍게 여기고 불성실하게 근무하는 직원들도 있는데 B는 그 부분에 있어 엄청난 장점인 성실성을 갖고 있는 것이다.

나는 사장님께 일단 B를 조금 더 지켜보자고 했다. 시간이 지나면서 성실함이 몸에 배어있는 B는 고객한테 진심으로 다가갔기에 단골도 많이 생기고 고객들과의 관계도 익숙해져 제법 대화를 나누는 등 자연스럽게 웃으면서 서비스하고 어느덧 매니저가 되어 가게를 책임지고 운영하고 있었다.

직원관리는 당근과 채찍을 어느 포인트에서 적절하게 써주느냐 하는 것이 중요하다. 칭찬이 고래를 춤추게 한다고 백날 칭찬만 한다고 그 직원은 나아지지 않는다. 칭찬을 하면서 단점을 고치도록 유도해야 하고 못한다고 채찍만 휘두를 것이 아니라 잘하는 부분을 발휘할 수 있도록 이끌어 주면서 내 사람을 만드는 것이 직원관리이다.

사실 단점을 극복하고 장점만 보는 것이 다소 시간도 걸리고 쉽지 않은 마인드컨트롤이지만 내 사람으로 만드는 것은 그러한 인내를 겪어야만이 만들 수 있는 것이다. 어느 누구도 쉽게 내 사람이 되지는 않는다. 단점보다 장점을 보는 노력이 잘 되지 않는다면 오너는 매번 직원을 바꾸고 트레이닝 시키고 반복된 경영형태를 보일 것이다.

가게 경영자들이 또 한 가지 명심해야 할 부분이 모든 직원들에게 공정해야 한다는 것이다. 미운 놈 떡 하나 더 준다는 속담은 괜히 나온 말이 아니다. 사람이 다 똑같지 않기에 당연히 내 눈에 더 예쁜 직원이 있다. 자신이 좋아하는 직원을 칭찬할 때도 일정한 선을 유지해야 한다. 절대 직원들 앞에서 비교하면서 칭찬을 한다든지 티를 내며 특혜를 주는 일은 절대 없어야 할 것이다.

항상 공정해야 하고 지나친 칭찬은 오히려 부작용을 일으키기 쉽다.

감정 노동자들은 부딪히는 일이 많기 때문에 사소한 것에도 감정적으로 마음에 상처를 받기도 쉽다. 친하게 지내고 싶어하는 동료가 있는데도 예를 들어 사장님이 그 친구만 예뻐하고 나는 미워해서 항상 비교해서 말한다면 삐뚤게 행동하게 되고 불쾌감과 질투심을 느낄 수밖에 없을 것이다. 오히려 칭찬 받은 사람이 당황하고 궁지에 몰리게 된다. 특히 다른 사람과 비교하면서 하는 칭찬은 안 하는 것만 못하다. 상대방과 비교당하며 듣는 칭찬은 칭찬을 받은 사람 비교당한 사람 모두의 마음 속에 원망의 마음이 남게 되고 그 앙금이 커져 결국 직장을 그만두게 될 수도 있다.

공정하게 대하면 사람들은 자신이 공정하게 대접받고 있다고 느껴 안정감을 느낀다.

단점보다 장점을 보라는 말은 비교해서 단점을 부각하

지 말고 모든 직원을 장점을 보면서 차별하지 말고 대하라는 말이다. '가진 자'와 '못 가진 자'를 구분하는 분위기를 만들지 마라.

"

단점보다 장점을 보라는 것은

실패보다 성공을 강조하라는 것과 일맥상통한 부분이다.

부정적인 요인을 찾는데 급급하다보면

긍정적인 요인을 놓치게 된다.

장점으로 바꾸는 비결은 단점을 생각하지 않고

장점만 보면 장점이 더욱 커진다.

장점을 포용할 땐 단점도 함께 포용해야 한다.

"

Chapter 09

기분에 따라 'up & down' 하지 마라

직장인들은 '사장 비위 맞추기 힘들어 직장을 그만두고 싶다'는 말을 종종한다. 사장이 변덕이 심해 업무 지시를 마음대로 바꾸거나 기분이 좋을 때와 나쁠 때가 달라 스트레스가 많이 쌓인다는 것이다. 특히 소점포 가게일수록 직원들이 많지 않기 때문에 사장과 직접 부딪힐 일이 많은데 사장의 기분에 따라서 하루가 달라진다면 일하는 것이 결코 즐겁지 않을 것이다. 아침 출근 길에 인사를 안

받는다면 '사장님이 기분이 안 좋으시구나' 하면서 눈치를 봐야하고 큰소리로 인사를 받아준다면 '좋은 일이 있으신가보다'하고 모든 일하는 체감온도가 사장한테 달렸다면 오래가지 않아 사장 비위 맞추기 힘들다며 그만두게 될 것이다.

　사장이 들쑥날쑥하면 직원도 들쑥날쑥한다. 사장이 변덕이 심하다면 직원들도 사장을 우습게 보고 쉽게 그만두게 되고 그런 사장 밑에서 일을 배우고 싶은 직원은 없다. 책임감을 갖고 일하는 직원보단 사장의 눈치를 보면서 일하는 사람들이 더 많을 것이다. 특히 가게에서 일하지 않고 일정한 스케줄없이 가끔 홍길동처럼 예고없이 매장에 나타나 내가 사장이라고 직원들에게 감정적으로 대하는 경우가 종종 있다. 자기 기분이 별로라고 혹은 그날 매출이 좋지 않다고 직원들에게 짜증내거나 잔소리를 하는 오너가 있는데 오너가 아니라 누구라도 절대 자기 기분에 의해서 짜증내지 말고 감정 컨트롤을 꼭 해야 한다.

　업무에 관한 지시나 잔소리도 아닌 '사장님 왜 저러시지'라고 직원들이 느낀다면 문제는 심각해진다.

　오너가 조울증처럼 짜증을 냈다가 갑자기 또 기분이 좋

아졌다면 겉으로 말을 안해도 속으로는 아마 무시할 수도 있을 것이다. 기분이 좋아서 하라고 했다가 다시 기분이 나빠져 내가 언제 그랬냐는 듯이 하지 말라고 하면 직원들 입장에서는 존경하는 마음을 갖게 되지 않을 것이다.

잔소리를 하고 싶다면 구체적이며 중립적이고 언급할 대상이 업무여야지 사람이어서는 절대 안된다. 불쾌감을 나타내봤자 자신이 자제력을 잃었다는 것을 보여주는 것밖에 안된다. 언성도 높이지 않도록 조심해라.

업무에 관한 지시나 잔소리는 간단명료하게 하고 해야하는 이유에 대해 합당한 이유를 꼭 설명한다. 여러 번 말한다고 해서 절대 알아듣지 않는다. 계속 말해봐야 잔소리가 될 뿐이니 주의하라. 간혹 여러 번 나눠서 지적하면 잔소리가 될까봐 한 번에 여러 가지를 말하는 오너들도 있는데 오히려 직원들은 내가 그렇게 잘못한 게 많았나만 생각하지 무엇을 고쳐야겠다는 생각은 들지 않을 것이다. 한번에 한 가지만 지적하도록 한다.

전문직 오너들이 간혹 기술이나 매출 때문에 슬럼프에 빠지거나 감정기복이 있기도 하지만 직원들 앞에서는 절대 티를 내지 않는 것이 중요하다. 모 미용실 원장님도 감정 기복이 심해 비위를 맞추기 힘든 분이셨다. 기분이 좋을 때는 새로운 헤어 스타일이 나왔을 때 자신은 물론 직원들도 다양한 컬러로 염색을 하고 멋을 내보라고 권하다가 어느 날은 기분이 다운돼 직원들이 염색을 너무 자주 해 재료 낭비가 심하다며 아껴쓰라고 큰소리를 내 당황한 적이 있다. 염색을 자주하면 자주한다고 잔소리, 염색을 안하면 왜 안하냐고 직원들을 다그치니 직원들 입장에서는 그 '적당히'를 맞추는 것이 어렵게 느껴지고 원장님이 무슨 말을 하더라도 진지하게 듣지 않고 소위 말하는 '개가 짖는다'는 식으로 무시하고 넘어갈 것이다.

오너들은 내가 오너이기 때문에 내 마음대로 다 할 수 있다 생각하고 기분에 따라 좌지우지 하는 경향이 있다. 그렇지만 나와 함께 일하는 직원들은 항상 객관적이고 일정한 톤앤매너를 유지하면서 대해야 직원들도 오너를 존경하게 될 것이다.

직원들에게 경영자의 권위를 세우고 직원도 존중하는 방법 중의 하나가 존댓말 쓰기이다. 간혹 소점포이다보니 직원도 몇 명 안되고 해서 반말로 대화하는 경우가 많은데 어떠한 상황에서라도 호칭과 존댓말은 꼭 필요하다.

특히 베이커리나 미용실, 커피숍 등은 셰프, 파티시에, 바리스타, 디자이너 등 전문직 직원들이 많은데 그들에게 야, 자 하거나 무시하는 발언은 고객 앞에서 자기 가게의 전문성을 인정하지 않는 것이나 다름없다. 더구나 규모가 작아서 고객들에게 대화가 모두 전달된다는 것을 잊지 말아야 할 것이다.

홍대 근처에 떡볶이로 유명한 집을 찾았다. 방송도 타고 소위 대박집이라 손님이 줄을 설 정도로 정신이 없어 보였다. 아무리 바빠도 오너는 정리를 하면서 일을 지시해야 하는데 일하는 아르바이트 직원들에게 반말로 "00야 이거 5번 테이블 갖다줘" 빨리 말을 알아듣지 못하자 "야!! 이거 5번 테이블 갖다 주라구"하면서 소리를 지르는 것이다. 점포 규모도 작고 오픈 테이블이라 웬만한 소리는 다 들리는데 아르바이트 직원들에게 심하게 반말로 지시를 내리는 것이었다. 게다가 얼굴은 열받아서 벌개져 있었다. 그렇게 손님 앞에서 큰 소리로 직원을 꾸짖으며 갖다 주는 떡볶이가 내 입장에서는 맛있게 느껴지지가 않았다. 간혹 미용실 같은 선후배가 확실한 직장에서 선배 디자이너가 손님 앞에서 어시스턴트에게 반말하면서 막 대하는 것을 보는데 의자에 앉아 있는 손님은 마치 디자이너가 나한테 화를 내는 것처럼 들리고 디자이너가 아무리 솜씨가 좋아도 프로페셔널 디자이너로 느껴지지 않는다.

어떤 상황에서도 오너는 직원들에게 반말을 쓰지 않도록 조심하고 꼭 호칭을 붙여줘야 손님들도 직원을 무시하지 않는다.

화를 내야할 상황에서도 마찬가지다. 기분이 좋을 땐 그냥 넘어가고 나쁠 땐 폭풍 잔소리를 하는 것은 직원들에게 무시를 듣기 쉽다. 오너의 권위를 세우고 싶다면 자잘한 지적을 하기 보다는 한번에 강하게 지적을 하는 것이 좋다. 오너라면 어쩔 수 없이 직원들에게 잔소리를 하게 된다. 엄연한 업무의 가르침이라고 생각해도 직원들 입장에서는 잔소리처럼 느끼게 마련이다. 잔소리처럼 느껴지지 않게 하려면 내가 직원들에게 싫은 소리를 하게 될 때는 언제인지 오너 스스로 체크 리스트를 만들어 보고, 내가 직원들에게 가장 싫어하는 일이 무엇인지, 한 번에 바로 지적하는지, 같은 행동을 두 번, 혹은 세 번 정도 실수가 반복되었을 때 지적하는지 스스로 체크를 해보아라. 그러면 지각 같은 성실함의 문제, 또는 메뉴 실수 같은 기술적인 문제, 서비스하는 태도 등 난이도가 정해지게 될 것이고, 지적을 하는 강도도 똑같이 정해놓는 것이다.

예를 들어 직원이 지각을 했을 경우 "다음부터 지각하지 마세요"라고 지적한 후, 그 직원이 또 지각을 하면 되면 지각이 고객과의 약속이나 조직 생활에서 얼마나 큰 불성실함인지에 대해 지적하고 또 다시 지각을 하게 될 땐 어떠한 조치를 취할 것인지에 대해서 미리 말해준다. 그랬는데도 직원이 지각을 했다면 말한 경고 조치를 취하고 경고가 세 번 누적됐다면 축구처럼 레드 카드 받고 그만두게 할 수밖에 없을 것이다.

소위 벌점이라든지 규칙에 대한 사실을 나만 알고 있으면 안된다. 모든 직원들에게 똑같이 공지를 해야 한다. 그래야 직원이 그만두게 되었을 때 불만이 생기지 않는다. 아무 말도 없이 혼자서만 경고를 주고 있다가 그만두게 하면서 "당신은 지각을 너무 자주하고 불성실해 같이 일하기 힘드니 내일부터 나오지 마세요"하는 건 소심하고 이상한 사장님으로밖에 보이지 않을 것이다.

직원들의 기강이 해이해져 분위기 쇄신이 필요하다고 느낄 땐 매니저 등 책임자에게 직원관리를 잘하라고 지시하는 것보다는 직원이 몇 명이든 상관없이 모든 직원을 모아놓고, 그 자리에서 직접 얘기하는 것이 권위도 살고 직원들에게 문제점을 효과적으로 지적할 수 있는 방법이다. 문제점을 지적하고 난 후에는 꼭 상처난 마음을 잘 헤아려 달래주는 센스도 필요하다.

"

직원들을 질책할 때는 구체적이며 중립적이고

언급할 대상이 업무이지 사람이어서는 안된다.

불쾌감을 나타내봤자 자신이 자제력을 잃었다는 것을

보여주는 것밖에 안된다.

절대 언성도 높이지 않도록 조심해라.

"

Chapter 10

직원의 마음을 얻어라

최근 "○○은 좋은 브랜드였습니다. 하지만 이런 평판을 계속 유지하려면 고객 감동에 앞서 직원들을 감동시키는 것이 먼저인데, ○○에는 그런 문화가 없었습니다." 30여 년간 섬유 유연제 시장에서 부동의 1위를 지켜 온 ○○이 최근 2위로 추락하면서 전직 임원이 한 말이 화제가 되고 있다.

그렇다면 우리는 직원들을 어떻게 생각하고 있을까? 단

순히 시급 혹은 월급을 받아가는 직원인지, 아니면 흔히 말하는 가족 같은 직원인지, 일을 너무 잘하는 에이스로 매출을 올려주는 직원인지, 어떤 형태로든 직원은 항상 나와 함께 해야 하는 사람이고 직원관리를 어떻게 하느냐에 따라 회사의 흥망성쇠가 달려있다고 해도 과언이 아니다.

모든 기업은 고객에게 최고의 가치를 제공하기 위해 '고객 감동 서비스', '고객감동 경영' 등 고객을 만족시키고 감동시키기 위해 마케팅 전문가를 고용하고 교육하는 등 모든 노력을 기울인다.

그렇지만 고객 감동보다 직원 감동이 먼저다. 직원을 감동시키지 못하는 오너는 고객을 감동시킬 수 없다. 가게에 불만이 있는 직원은 고객에게도 불만스러운 서비스를 하기 마련이고 결국 돌아오는 것은 매출 하락이다. 직원이 행복해져야 고객도 행복해지고 오너도 자연스럽게 행복해지며 가게가 잘된다. 직원에게 감동을 주는 것이 경영의 모든 것이라 할 정도로 감동하는 직원이 가득한 직장이 그만큼 성공한다.

직원들이 업무를 열심히 하지 않는 이유 중 하나로 "일을 아무리 잘해도 좋은 결과를 기대할 수 없기 때문이다"

라는 말을 종종한다. 즉, 일을 열심히 해서 매출이 올라도 오너는 '수고했다' 말 한마디 안 하고 매출 오른 것을 당연히 여긴다. 가끔 오너들은 월급을 주는데 다른 보상이 뭐가 필요하냐고 별도의 감동을 주지 않는 것을 당연하게 여긴다. 하지만 유감스럽게도 그것은 오너만의 생각이다. 월급만으로는 직원들의 업무 효율성에 영향을 미치는 보상 효과를 기대할 수 없다. 사람들은 감동이 주어지는 일을 더 열심히 하고 반대로 감동을 받지 못하는 일은 형식적으로 하기 마련이다. 감동에 따라 매출도 늘어나는 것이다. 고객들도 '좋은 서비스' 감동을 받을 때 지갑을 열고 감동을 받지 못했다고 느끼면 발길을 뚝 끊지 않는가.

직원 서로간의 동료애와 오너가 무심한 듯 하면서도 가끔씩 챙겨주는 '감동'에 행복해 하고 회사를 다니는 것이다. 표현하지 않으면 오너가 나를 어떻게 생각하는지 알 수 없고 언제 잘릴 지 두려워하며 소극적인 태도로 스트레스 받으며 일하게 된다.

인간관계는 다 비슷하다. 남녀 간의 사랑도 표현하지 않으면 그 사람이 나를 좋아하는지 알 수 없는 것처럼 회사에서도 마찬가지다. 직원을 칭찬하는 것은 직원에게 의욕을 갖게 하는 중요한 감동을 느끼게 하는 방법중의 하나다. 직원을 감동시키는 방법에는 여러 가지가 있겠지만 가끔씩 내가 그 직원을 굉장히 아끼고 생각한다는 것을 표현해야 한다. 표현하지 않고서는 직원을 감동시킬 수 없고 말하지 않으면 그 직원이 내가 그 사람을 소중하게 여기고 있다는 것을 알지 못한다. 직원은 감동을 받음으로써 능동적이고 적극적인 자세로 일하게 된다.

직원을 감동시키는 방법에는 크게 두 가지가 있는데, 소위 보너스 등의 금전적인 보상이고, 다른 한 가지는 칭찬 등의 감정적 보상이다. 금전적인 보상이든 감정적인 보상이든 직원을 감동시키면 감동시킬수록 효과적이고 시간이 지난 후에 주는 것보다는 그때 그때 상황에 따라 바로바로 주는 것이 받는 직원의 행동에 미치는 파급 효과가 더 커진다.

솔직히 금전적인 보상보다도 업무에 관한 격려의 말 한마디가 직원을 감동시키는 최고의 보상이다. '수고했다'든지 '열심히 하라'등 칭찬과 격려는 아무리 들어도 싫지 않은 말이다. 사실 비용이 들지 않는데도 칭찬의 말 한마디를 아끼는 오너들이 많다는 건 참 안타까운 일이다.

　내가 카페에서 실무를 배울 때 정말 열심히 해서 그날 매출이 그 달 최고 매출을 올린 적이 있다. 그날 함께 일했던 바리스타들끼리 힘들었지만 우리가 일한 날 매출이 가장 높게 나왔다고 나름 보람을 느끼며 뿌듯해했지만 정작 오너에게선 한마디도 들을 수 없었다. 만약 오너가 수고했다고 한마디 했다면 우리는 아마 그 액수를 넘어 또 다시 최고 매출을 올리기 위해 더 열심히 일할지도 모른다.

　서비스업이라는 것은 힘들고 반복적이고 스트레스가 많은 직업이다. 이런 상황에서 오너들이 직원들의 노고를 알아주지 않는다면 직원들 입장에서는 일을 잘하고 매출을 많이 올림으로써 기대할 수 있는 긍정적인 피드백이 하나도 없으니 열심히 해야 할 이유가 없는 것이다.

　많은 오너들이 직원들이 일을 잘 했을 때 매번 칭찬을 해주는 것이 효과가 있을까 라고 생각한다. 대답은 두말할 것도 없이 '예스'다. 직원들이 돈 때문에 일한다고 생각하지 마라. 그 칭찬 한마디의 빈도가 높을수록 직장을 다니는 기간은 길어지게 마련이다.

K과자점에서 빵을 배우고 있을 때의 일이다. 베이커리 업종은 알다시피 반죽부터 발효, 굽는 과정 모두 시간이 걸리기 때문에 아침에 빵이 나오려면 새벽 4시부터 일어나 준비를 해야 한다. 그렇기 때문에 육체적으로도 굉장히 힘든 일이고 저녁에도 다음 날 만들 빵 재료 준비 하느라 늦게까지 일하기 일쑤다. 더구나 어린이날이나 크리스마스 등 특별한 날이면 며칠씩 밤을 새는 것도 부지기수라 제과제빵 업종이 이직률이 높은 편인데, 사람은 누구나 마찬가지다. 몸이 힘들면 아무것도 생각하기 싫어진다. 그럴 때일수록 오너는 직원들에게 조금만 참으라고 말로 하기 보다는 진심으로 직원들이 고생하는 것에 대한 고마움을 어떤 형태로든 표현 해야 한다.

한번은 사장님이 모든 직원에게 손 편지를 보낸 적이 있다. 그 당시 너무 바빠 모든 직원들이 힘들어하던 시기였는데 편지 내용은 직원들의 노력에 감사하다는 내용과 함께 구체적으로 앞으로 어떤 식으로 복지에 신경쓰겠다는 청사진(예를 들어 기숙사 문제 같은)을 여러 장에 걸쳐 편지를 쓰신 것이다.

사실 금일봉의 액수 보다는 그만큼 직원들을 생각하고

있다는 마음이 잘 전달되어 힘든 시기임에도 불구하고 이탈이 적어질 수밖에 없었다. 가끔 서비스업은 고객의 클레임에 대처하기 위해 고객감동편지 같은 것을 직접 전달해 화제가 되곤 하는데 그 편지를 고객들에게만 쓸 것이 아니라 정기적으로 직원들에게 써보는 것도 직원을 감동시키는 좋은 방법이 될 것이다.

한 달에 한 번씩 직원들에게 단체 문자를 돌리면서 말로 표현하지 못했던 말을 하는 것도 좋은 방법이다. 요즘은 문자의 용량이 제한되어 있지 않기 때문에 장문의 문자를 보낼 수 있다. 오너의 편지 같은 것이 꼭 대기업이나 사무직 직원들만 해당되라는 법은 없다. 전문직 직원들도 똑같은 직원이다. 오너의 진심어린 편지를 받으면 누구나 감동할 수밖에 없다. 이에 덧붙여 오너에게 답장을 쓰게 해 하고 싶은 말을 하는 것도 서로의 커뮤니케이션을 이해하는 데 도움이 될 것이다. 가끔 회식 때 술을 마시고 야자타임을 하면서 하고 싶은 말, 원하는 것을 말하라고 하는 경우가 많은데, 술을 마시는 회식자리는 감정이 잘 섞이기 때문에 냉정하게 말을 하기가 어렵다.

문자나 편지 등의 문서는 아무래도 자기가 바라는 것을

논리적으로 정리해서 표현할 수 있기 때문에 실질적인 문제 해결에 대화만큼이나 잘 전달될 수 있는 커뮤니케이션 방법이 될 수 있다.

직원을 감동시키는 방법엔 어쩌면 가장 현실적인 부분이겠지만 금전적인 보상을 해주는 것이 가장 효과적이다. 물론 추석이나 설 등 명절에 차비라는 명목으로 보너스를 주지만 그런 형식적인 금전적인 보상외에 마음으로 감동할 수 있는 복지정책을 마련해 놓으라는 것이다.

복지정책에 대해 어렵게 생각할 필요 없다. 직원이 행복을 느낄 수 있는 것을 해주면 된다. 행복을 느끼는 부분은 지극히 사소하다. 다른 회사들처럼 모든 것을 다 해주려는 노력보다는 한 가지라도 확실한 복지정책을 만들어라. 예를 들어 점심, 저녁, 간식을 포함해 직원들 먹는 것만큼은 아끼지 않는다든지, 한 달에 한 번 영화관람, 혹은 직원 할인 서비스 쿠폰 같은 것을 자신의 업소 특성에 맞게 특화시키면 되는 것이다.

직원 생일 챙겨주기도 직원을 행복하게 하는 좋은 아이디어이다. 사실 생일엔 누구나 살짝 우울해지기 마련이고

(아마도 나이를 한 살 더 먹는데 아무것도 해놓은 것이 없다는 자학탓일지도 모르지만) 그 날은 다같이 맛있는 점심을 먹는다. 마음을 담은 2~3만원정도의 작은 선물도 좋다. 베이커리라면 케이크, 커피숍이라면 원두나 커피 기구 등을 선물로 주면 좋아할 것이다.

간혹 어떤 베이커리나 커피숍은 먹는 것에 대해 버릴지 언정 직원들은 절대 못 먹게 하는 곳이 있는데 맛을 보기 위해서라도 직원들이 당연히 먹어봐야 하고, 그만큼 커피나 빵이 좋아서 일하는 것이기 때문에 먹을 수 있는 재량을 주는 것이 당연하다. 어떤 맛인지 알아야 고객들에게 맛에 대해 설명할 것 아닌가. 장사가 잘 되는 곳은 제품 개발하라고 오너가 직접 개발비를 주기도 한다. 원하는 재료를 사서 새로운 제품을 만들어보라고 격려하고 실제로 맛있는 제품이 개발되었을 경우 메뉴로 채택해 직원의 사기를 한껏 북돋운다.

사실 서비스업이 대기업도 아니고 직원이 많지 않음에도 다른 대기업처럼 남들 쉴 때 다 쉬고 보너스를 주고 그럴 순 없다. 아마 오히려 비슷하게 흉내를 내면 오히려 해준 것을 감사하는 것이 아닌 더 해주지 않는 것에 대해 직원들이 불만을 갖고 더 바라게 될 지도 모른다. 자신의 가게에서 직원들이 혜택을 받고 있구나 라고 느낄 정도의 작지만 감동스런 복지 정책을 하나씩 만들고 약속은 아무 변명 없이 꼭 지키도록 한다.

직원을 감동시키는 방법엔 여러 가지가 있겠지만 무엇보다도 우리 사장님만한 사람이 없다라는 인식만 심어주면 어떠한 방법도 다 감동이 될 수 있다.

사람은 누구나 인정받고 싶어한다. 한 마디의 격려, 보상 모두 '인정'을 한다는 피드백이다. 직원들의 노력과 성과를 인정하면 업무효율과 사기를 높일 수 있을 뿐 아니라 자신감도 심어주고 더욱 더 충성심을 갖고 열심히 할 수 있게 만드는 원동력이다.

직원들은 내 가족과도 같은 사람이다. 아낌없이 격려하고 행복하게 만들어 주어라. 그리고 잊어버려라. 내가 베푼만큼 직원들에게 고마움을 바란다든지 더 열심히 일해주길 기대하는 마음을 바라지 말고 감동을 주었으면 그걸로 만족해라.

"

오너들 중 직원들에게 매번 칭찬을 해주는 것이

효과가 있을까 라고 생각하는 사람들이 있다.

대답은 두말할 것도 없이 '예스' 다.

직장을 다니는 이유엔 여러 가지가 있고

그 칭찬의 빈도수가 높을수록

직장을 다니는 기간은 길어지게 마련임을 명심하라

"

맺음말

어느 책에선가 인재들이 직장을 자주 옮기는 이유 중의 하나로 회사가 '장밋빛 미래'를 보장하지 못하기 때문이라는 글을 본 적이 있다.

그렇다면 과연 우리는 직원들을 어떻게 생각하고 있을까? 단순히 시급 혹은 월급을 받아가는 직원인지… 아니면 흔히 말하는 가족 같은 직원인지… 일을 너무 잘하는 에이스로 매출을 올려주는 직원인지… 어떤 형태로든 직원은 항상 나와 함께 해야 하는 사람이고 직원관리를 어떻게 하느냐에 따라 회사의 흥망성쇠가 달려있다고 해도 과언이 아니다.

직원이 오래 정착하지 못하고 금세 관둔다면 그만큼 고객 관리나 서비스 면에 있어서도 관리가 제대로 되지 않을 것이고 서비스가 불친절하게 되면 고객은 결국 옆 매장으로 이동한다.

한 명의 높은 직원 만족을 가진 가게는 낮은 만족도의 직원을 가진 가게보다 업무 효율이 두 배가 된다. 직원 만족도가 높기 때문에 고객에게 그만큼 친절한 서비스를 할 수 있고 단골 고객이 늘어나게 되고, 고객만족도가 높아지게 되면 자연스럽게 매출로도 연계되기 때문이다.

능력의 높고 낮음을 떠나 직장을 떠난 한 명의 직원을 대체하기 위해 다른 사람을 고용하려는 노력은 그만큼 업무에 적응될 때까지 들이는 시간과 비용이 상당하며 유능한 직원을 데려오려면 그만큼 인센티브를 주고 데려와야 한다. 그렇기 때문에 처음 직원을 채용할 때부터 가게 성장의 에너지가 될 수 있는 직원을 뽑아야 한다. 내가 원하는 사람을 채용했다 하더라도 생각했던 것만큼 성과가 나오지 않을 수도 있지만 직원이 무엇을 원하고 기대하는지 알아야 욕구를 충족시켜줄 수 있다.

직원이 오래 다닐 수 있게 하려면 동기부여를 줄 수 있는 자기계발에 관한 기회를 많이 주어라. 직원들의 배움에 대한 지적인 욕구를 채워주라는 것이다. 헤어 디자이너, 파티시에, 바리스타 등은 모두 기술직, 전문직이지 않은가. 자기계발의 기회가 없다면 직원들은 금방 이탈한다.

배움에 대한 지적 욕구가 충족되지 않으면 결국 떠날 수밖에 없다.

직원관리라는 것은 당근과 채찍을 어느 포인트에서 적절하게 써주느냐 하는 것이 중요하다. 칭찬이 고래를 춤추게 한다고 칭찬만 백날 한다고 그 직원은 나아지지 않는다. 칭찬을 하면서 단점을 고치도록 유도해야 하고 못한다고 꾸중만 할 것이 아니라 잘하는 부분을 발휘할 수 있도록 이끌어 주면서 내 사람을 만드는 것이 직원관리이다.

대부분의 오너들이 조금 더 참지 못하거나 아니면 너무 참아서 직원들이 자주 그만둔다면 자신의 상황에 맞게 하나하나 관리에 들어가 보아라. 처음부터 많은 기적이 오진 않겠지만 점차적으로 직원들과의 문제가 줄어들고 가게 운영이 새삼 재밌어질 것이며 매출 또한 자연스럽게 따라올 것이다. 직원을 불안하게 하지 말아라. 직원이 강해야 가게가 산다.